The Dark Room and Other Poems

Enrique Lihn

THE DARK ROOM
and Other Poems

Edited with an introduction by Patricio Lerzundi

Translated by Jonathan Cohen, John Felstiner,
and David Unger

A NEW DIRECTIONS BOOK

Assistance for the publication of this volume was given by the Center for Inter-American Relations.

Grateful acknowledgment is made to the editors and publishers of the following periodicals, in which some of the material in this volume first appeared: *American Poetry Review, Green House, Modern Poetry Studies, Review, Sequoia, Street, Sun,* and *Weid.*

Manufactured in the United States of America
First published clothbound and as New Directions Paperbook 452 in 1978
Published simultaneously in Canada by McClelland & Stewart, Ltd.

Library of Congress Cataloging in Publication Data

Lihn, Enrique.
  The dark room and other poems.
  (A New Directions Book)
  I. Cohen, Jonathan. II. Felstiner, John.
III. Unger, David. IV. Title.
PQ8097.L47D3   861   77–12927
ISBN 0–8112–0676–9
ISBN 0–8112–0677–7 pbk.

New Directions Books are published for James Laughlin
by New Directions Publishing Corporation,
333 Sixth Avenue, New York 10014

INTRODUCTION

It has been said that the greatest Latin American poetry of the twentieth century comes from Chile. Of course this is not quite so; let us just remember the Peruvian César Vallejo, the Argentinian Jorge Luis Borges, and the Mexican Octavio Paz; nonetheless, Chile's list is impressive: Vicente Huidobro, Gabriela Mistral, Pablo Neruda, Nicanor Parra. Both Mistral and Neruda were awarded the Nobel Prize in Literature, in 1945 and 1971 respectively.

Enrique Lihn is yet another Chilean who has provoked a great deal of interest in Latin America, in Europe, and recently in the United States. Born in Santiago in 1929, he studied at the School of the Arts at the University of Chile, but abandoned his fine arts career to dedicate himself to writing and teaching literature. To date he has published several books of poems and short stories, as well as a novel. His collection *La pieza oscura / The Dark Room* (1963), considered his major poetic work, has now begun to receive international acclaim; *Poesía de paso / Occasional Poetry* merited the prestigious Cuban Casa de las Americas Prize in 1966. Since then, he has traveled widely as visiting professor and lecturer. During 1974 he toured the United States, generating such enthusiasm that a number of translators became interested in preparing an English version of his work.

Broadly put, Lihn's poetry represents a cross between neorealism in its content and antipoetry in its form. Yet Lihn does not stop there; that would mean merely to conform to a literary fashion by selecting that which *might sell* in the literary market. He is in constant search for reality from within; a difficult task, since after all "we waver between innocence and ignorance" he says in

"The Defeat." Unlike the explosive nature of much contemporary poetry, his is implosive; whatever happens happens within the context of specific situations where the reader is drawn not by a simplistic process of identification, but as an objective observer who is also part of the poem's operational significance.

Lihn is, no doubt, a genuine voice of international stature. No serious anthology of contemporary poetry would be complete without his work.

This book is a selection of the most representative poems written during 1963–76. This of course implies both a compromise and a commitment; although the final collection is my responsibility as editor, this project was the result of a co-operative effort in which the translators Jonathan Cohen, John Felstiner, and David Unger actively participated and graciously accepted my suggestions.

PATRICIO C. LERZUNDI
New York, Summer 1977

CONTENTS

Introduction   v

from *La pieza oscura* / *The Dark Room* (1963)
  La pieza oscura / The Dark Room   2
  Barro / Mud   6
  Invernadero / Hothouse   8
  Caleta / Cove   12
  Monólogo del padre con su hijo de meses / The Father's
     Monologue with His Infant Son   14
  Recuerdos de matrimonio / Memories of Marriage   20
  Monólogo del viejo con la muerte / The Old Man's
     Monologue with Death / 24
  Jonás / Jonah   28
  Mayor / Eldest   30
  Episodio / Incident   32
  Cementerio de Punta Arenas / Cemetery in Punta Arenas   32
  Navidad / Christmas   34
  Gallo / Rooster   34
  Destiempo / Bad Timing   36
  La Invasión / The Invasion   36

from *Poesía de paso* / *Occasional Poetry* (1966)
  Market Place / Market Place   42
  Cisnes / Swans   42
  Ciudades / Cities   44
  Coliseo / Coliseum   46
  Muchacha florentina / Florentine Girl   46
  Nathalie a simple vista / Nathalie at a Glance   48
  Nathalie / Nathalie   50
  Epílogo / Epilogue   52
  La derrota / The Defeat   54
  Monólogo del poeta con su muerte / Monologue of the Poet
     and His Death   70

from *La musiquilla de las pobres esferas* / *A Bit of
    Music from the Lower Spheres* (1969)
    La musiquilla de las pobres esferas / A Bit of Music
        from the Lower Spheres   78
    Gallo / Rooster   80
    Album / Album   80
    Revolución / Revolution   82
    Seis soledades / Six Poems of Loneliness   84
    Rimbaud / Rimbaud   88
    Mester de juglaría / Art of Jugglery   88
    Porque escribí / Because I Wrote   96

from *Album de toda especie de poemas* / *Album of All
    Kinds of Poems* (1972)
    Jaguar / Jaguar   104
    Album / Album   108
    Los agentes de la culpa / Agents of Guilt   108
    Esta especie de miedo te pisa los talones / This Kind
        of Fear Is at Your Heels   110
    Epoca del sarcasmo / Age of Sarcasm   110
    Poesía que dices / Poetry Speak Up   116
    Cuba, 1969 / Cuba, 1969   118
    Pies que dejé en París / Feet I Left in Paris   118
    Una nota estridente / A Jarring Note   120

from *La Estación de los Desamparados* / *The Station of
    the Helpless Ones* (1973)
    Fragmentos / Fragments   124

from *París, situación irregular* / *Paris, Irregular
    Situation* (1977)
    Brisa marina / Sea Breeze   138

Note on the editor and translators   147

The Dark Room and Other Poems

from *La pieza oscura*
The Dark Room
(1963)

LA PIEZA OSCURA

La mixtura del aire en la pieza oscura, como si el cielorraso hubiera
 amenazado
una vaga llovizna sangrienta.
De ese licor inhalamos, la nariz sucia, símbolo de inocencia y de
 precocidad
juntos para reanudar nuestra lucha en secreto, por no sabíamos no
 ignorábamos qué causa;
juego de manos y de pies, dos veces villanos, pero igualmente
 dulces
que una primera pérdida de sangre vengada a dientes y uñas o
 para una muchacha
dulces como una primera efusión de su sangre.

Y así empezó a girar la vieja rueda—símbolo de la vida—la rueda
 que se atasca como si no volara,
entre una y otra generación, en un abrir de ojos brillantes y un
 cerrar de ojos opacos
con un imperceptible sonido musgoso.
Centrándose en su eje, a imitación de los niños que rodábamos de
 dos en dos, con las orejas rojas—símbolos del pudor que
 saborea su ofensa—rabiosamente tiernos,
la rueda dio unas vueltas en falso como en una edad anterior a la
 invención de la rueda
en el sentido de las manecillas del reloj y en su contrasentido.
Por un momento reinó la confusión en el tiempo. Y yo mordí,
 largamente en el cuello a mi prima Isabel,
en un abrir y cerrar del ojo del que todo lo ve, como en una edad
 anterior al pecado

THE DARK ROOM

The air's heaviness in the dark room, as if a vague bloodlike
drizzle threatened to come down from the ceiling.
We inhaled some of that brew, our noses dirty, a symbol
    of children acting like grownups
to go on secretly with our struggle, for some cause we did
    and didn't know;
a game of hands and feet, twice as rough, but just as sweet
as paying back tooth and nail for the first blood drawn
    or for a young girl
sweet as the first trickle of her blood.

And that's how the old wheel—symbol of life—began to turn,
    getting stuck between one generation and the next
as if it couldn't fly off, caught in the wink
    of bright and dim eyes
with an imperceptible, mossy sound.
Pulling into its center, imitating us, kids spinning around
    two at a time, our ears red
    —symbols of a modesty that delights in its crime—
    furiously tender,
the wheel gave a few false turns as in the age
    before the invention of the wheel
clockwise, and then counter clockwise.
For a second confusion ruled over time. I slowly bit
    into the neck of my cousin Isabel,
in the wink of the eye of he who sees everything, as in
    the age before sin

pues simulábamos luchar en la creencia de que esto hacíamos;
    creencia rayana en la fe como el juego en la verdad
y los hechos se aventuraban apenas a desmentirnos
con las orejas rojas.

Dejamos de girar por el suelo, mi primo Angel vencedor de
    Paulina, mi hermana; yo de Isabel, envueltas ambas
ninfas en un capullo de frazadas que las hacía estornudar—olor a
    naftalina en la pelusa del fruto—.
Esas eran nuestras armas victoriosas y las suyas vencidas
    confundiéndose unas con otras a modo de nidos como celdas, de
    celdas como abrazos, de abrazos como grillos en los pies y en
    las manos.
Dejamos de girar con una rara sensación de vergüenza, sin
    conseguir formularnos otro reproche
que el de haber postulado a un éxito tan fácil.
La rueda daba ya unas vueltas perfectas, como en la época de su
    aparición en el mito, como en su edad de madera recién
    carpintereada
con un ruido de canto de gorriones medievales;
el tiempo volaba en la buena dirección. Se lo podía oír avanzar
    hacia nosotros
mucho más rápido que el reloj del comedor cuyo tic-tac se
    enardecía por romper tanto silencio.
El tiempo volaba como para arrollarnos con un ruido de aguas
    espumosas más rápidas en la proximidad de la rueda del
    molino, con alas de gorriones—símbolos del salvaje orden
    libre—con todo él por único objeto desbordante
y la vida—símbolo de la rueda—se adelantaba a pasar
    tempestuosamente haciendo girar la rueda a velocidad
    acelerada, como en una molienda de tiempo, tempestuosa.
Yo solté a mi cautiva y caí de rodillas, como si hubiera envejecido
    de golpe, presa de dulce, de empalagoso pánico
como si hubiera conocido, más allá del amor en la flor de su edad,
    la crueldad del corazón en el fruto del amor, la corrupción
    del fruto y luego . . . el carozo sangriento, afiebrado y seco.

because we pretended to struggle in the belief that this is what
        we were doing; a belief bordering on faith as the game
        on truth
and the facts could hardly dare to prove us wrong
with our ears red.

We stopped rolling around on the floor, my cousin Angel
        winner over my sister Pauline; and I over Isabel,
        two nymphs
wrapped up in a cocoon of blankets that made them sneeze
        —the mothball smell on a fruit's downy skin—.
Those were our victorious and their defeated weapons
        each taken for the other, like nests for cells,
        cells for hugs, hugs for chains tying down hands and feet.
We stopped rolling around, overcome by a strange feeling of
        shame, without managing to come up with another reproach
than the one for finding such an easy victory.
The wheel was already turning perfectly, as in the age
        it appeared in the myth, as in the day
        it was first carved in wood
with a sound of medieval sparrows' song;
time was flying in the right direction. You could hear it
        moving toward us
quicker than the dining room clock whose ticking grew louder
        to break so much silence.
Time flew as if to roll us up with a sound of foaming water that
        rushed faster near the mill's wheel, with
        sparrows' wings—symbols of savage free order—
        with itself as the only overflowing thing
and life—symbol of the wheel—moved ahead to storm by
        making the wheel turn faster and faster,
        as in a mill furiously grinding time.
I let my captive go and fell on my knees, as if I had suddenly
        grown old, seized by a sweet, cloying panic
as if I had known, beyond love in its prime
        the heart's cruelty in the fruit of love, the fruit rotting
        and then . . . the bloody pit, feverish and dried out.

¿Qué será de los niños que fuimos? Alguien se precipitó a
    encender la luz, más rápido que el pensamiento de las
    personas mayores.
Se nos buscaba ya en el interior de la casa, en las inmediaciones del
    molino: la pieza oscura como el claro de un bosque.
Pero siempre hubo tiempo para ganárselo a los sempiternos
    cazadores de niños. Cuando ellos entraron al comedor, allí
    estábamos los ángeles sentados a la mesa
ojeando nuestras revistas ilustradas—los hombres a un extremo, las
    mujeres al otro—
en un orden perfecto, anterior a la sangre.

En el contrasentido de las manecillas del reloj se desatascó la rueda
    antes de girar y ni siquiera nosotros pudimos encontrarnos a
    la vuelta del vértigo, cuando entramos en el tiempo
como en aguas mansas, serenamente veloces;
en ellas nos dispersamos para siempre, al igual que los restos de un
    mismo naufragio.
Pero una parte de mí no ha girado al compás de la rueda, a favor de
    la corriente.
Nada es bastante real para un fantasma. Soy en parte ese niño que
    cae de rodillas
dulcemente abrumado de imposibles presagios
y no he cumplido aún toda mi edad
ni llegaré a cumplirla como él
de una sola vez y para siempre.

BARRO

I

Barro, rencor inagotable. Toda otra fuente termina por ceder
a la presión de esta materia original.
Los días del agua están contados, pero no así los días del barro
que sustituye al agua cuando ciegan el pozo.
No así los días del barro que nos remontan al séptimo día.

What has become of the children we were? Someone hurried
        to turn on the light, faster than the thoughts of grownups.
They were already looking for us inside the house,
        around the mill: the room dark as a clearing in a forest.
But there was always time to win before the never quitting child
        hunters got there. When they came into the dining room
        there we were, angels sitting around the table,
looking at the pictures in our magazines—men at one end,
        women at the other—
in perfect order, before the bloodshed.

Going counter clockwise, the wheel broke loose before it
        began turning and we couldn't even find each other
        on the other side of dizziness, when we entered time
as in calm waters, serenely quick;
we scattered ourselves forever in the waters, just like
        pieces of the same shipwreck.
But part of me hasn't turned in time with the wheel,
        gone along with the current.
Nothing is real enough for a ghost. Part of me is that boy
        who falls down on his knees
softly crushed by unbearable omens
and I haven't come of age yet
nor will I reach it like him
once and for all.

                                                            [D.U.]

MUD

I

Mud, unending malice. All other source gives way at last
to the pressure of this primal stuff.
Water? its days are numbered, but not the mud
that packs up after the well is plugged.
Not the muddy days that back us up to Creation.

7

De niños jugábamos con él, nada tiene de extraño que juegue
　　con nosotros.
los creados a imagen y semejanza suya.

II
Dios padre, Dios hijo, Dios espíritu santo:
tierra y agua; luego el barro que en el principio era.
Un solo sentimiento en el origen de todos:
este rencor inagotable.

III
Tarde o temprano volveremos a ser razonables.
Está en el orden de las cosas, nada se sabe de ellas mientras no las
　　tomamos con relativa calma,
como si nada hubiera sucedido.

IV
No hay más extraño que uno. Es la apariencia de otro quien
　　terminó por frecuentarnos,
por aceptar finalmente una invitación reiterada.
Me pareció ver a mi sombra cuando le abrí la puerta, justo en el
　　momento en que íbamos a salir.
La función había comenzado. "Adelante. Adelante."
"Te estábamos esperando," dije yo y ella dijo: "No reconozco a
　　los ingratos"
con un curioso temblor en la voz.

INVERNADERO

¿Qué será de nosotros, ahora? ¿Nos sorprendió esa noche, para
　　siempre en el bosque
infundiéndonos el sueño de la herrumbre del pozo o reencontramos
　　en la tarde el buen camino familiar
y se nos hizo un poco tarde en el jardín un poco noche junto
　　al invernadero

8

We played with it as children, no wonder it plays with us,
shaped after its image and likeness.

II

God the Father, God the Son, God the Holy Ghost:
land and water, then the muck that was in the beginning.
A single sentiment at the start of it all:
this unending malice.

III

Sooner or later now we'll come to our senses.
It is the way of things, we don't get to know them till
    we take them more or less calmly,
as if nothing had happened.

IV

The real stranger is oneself. The looks of some other
    who ended up haunting us,
finally accepting one of many invitations.
I thought I saw my shadow when I opened the door,
    just as we were about to go out.
The party had begun. "Come in. Come in."
"We were waiting for you" I said and she said,
    "I can't bear ingratitude"
with a funny tremor in her voice.

                                                                    [J.F.]

HOTHOUSE

What has become of us now? Were we caught off guard that
    night, in the woods forever
with rusty wellwater seeping in our dreams or did we pick up the
    old familiar path that evening
and was it a bit late for us in the garden a bit night near
    the hothouse

9

las narices, las manos empavonadas de bosque, las manos maculadas
    de herrumbre del brocal, el escozor en las orejas flagrantes, el
    cuerpo del delito pegado a las orejas:
la picadura, el rastro de un insecto benigno?

¿O nos perdimos, realmente, en el bosque? Esto podría ser como
    el claro del sueño:
nuestra presencia en la que no se repara si no como se admite el
    recuerdo agridulce de los niños
bien entrada la noche, cuando en una penosa reunión familiar todo
    el mundo se ha esforzado en vano
por retenerlo arriba, en la clausurada pieza de juegos. Porque algo
    nos dirír sin duda
este jardín que habla si estuviéramos despiertos; pero entre él y
    nosotros (nos hemos entregado
a nuestra edad real como a una falsa evidencia)
se levantan los años empavonados del aire que entra al invernadero
    lleno de vidrios rotos
vidriándonos la noche de un bosque inexpugnable.

Y allí afuera no hay nadie, todo el mundo lo diría si lo preguntáramos
    en voz alta; y si se nos escuchase preguntarlo; o si se consintiera
en recoger esta absurda pregunta. Nadie, salvo el reflejo difuso de
    todos los rostros
en los vidrios intactos empavonados de nadie.

Las hojas nada dicen que no esté claro en las hojas. Nada dice
    la memoria
que no sea recuerdo; sólo la fiebre habla de lo que en ella habla
con una voz distinta, cada vez. Sólo la fiebre
es diferente al ser de lo que dice.
Y allí afuera no hay nadie

Pero, ¿qué será de nosotros ahora?

our nostrils, our hands smeared with woods, hands stained
      with rust from the wellmouth, the smart in our burning ears,
      the corpus delicti clapped on our ears:
the bite, the trace of a harmless insect?

Or did we really get lost in the woods? This might be a clearing
      in the dream:
we're only there the way a bittersweet memory
      of the children returns
late at night, when everyone at a painful family gathering
      has tried
and couldn't keep it shut in the playroom upstairs. Because this
talking garden would no doubt tell us something if we were awake.
But between it and us (we've sworn like perjurers to our real age)
the years rise up, smeared with the air that enters the hothouse
      through all its broken panes,
glazing our view of night in the invincible woods.

And there's nobody out there, they'd all say that if we asked
      loud enough; and if they heard us asking; or if they agreed
to take up this absurd question. Nobody but the scattered
      reflection of all those faces
in the unbroken panes, smeared with nobody.

The leaves say nothing that isn't clear in the leaves. Memory
says nothing that is not a memory. Only fever speaks about
what speaks in it with another voice each time. Only fever
is different from the self it talks of.
And there's nobody out there

But what has become of us now?

                                                        [J.F.]

CALETA

En esta aldea blanca de oscuros pescadores
el amor vive a dos pasos del odio
y la ternura, muerta, se refugia en el sueño
que agranda la mirada del loco del villorrio.

Amanecer: el mar se duerme bajo el sol
como un gigante ebrio después de una batalla;
alguien perdió la vida, anoche, entre sus manos
enguantadas de blanco, más crueles que la nieve.
Pero los compañeros del caído volvieron
en sus valvas ahitas de sangrienta semilla
y extienden en la arena sus trofeos agónicos.

Mediodía: a la mesa se sientan los tatuados
y sus mujeres les guardan las espaldas
atentas al peligro de sus gestos que ordenan
otro vaso de vino
más loco cada vez.
Luego, la guerra a vida entre los sexos
y los gañanes bajan a la playa
como a una amante más que escarnecieran
a remar en un sueño furioso de borrachos.

Varadero del sol herido a cielo
en la línea de fuego de las olas.
Es hora de ir al mar a capturar sus pájaros
si una riña de hombres, de perros o de gallos
no retiene en la orilla la jauría de barcas.

La noche trae un poco de alma a la caleta:
un poco de agua dulce que en los ojos del loco
se enturbia en el olvido de sí misma.
Alguien que no he podido olvidar se me agranda
como la ola a un mar preso de luna
y golpea mi cara por dentro hasta cegarme.

COVE

Love in this chalk-white village of dark fishermen
lives two steps from hate,
and tenderness, defunct, hides out in dreams
that dilate the eyes of the town idiot.

Dawn: the sea sleeps under the sun
like some drunken giant after a battle;
a life was lost last night in its white-
gloved hands, crueler than snow.
But the dead man's companions came back
in their shells, stuffed with bloody seed,
and spread their agonized spoils on the sand.

Midday: tattooed men sit at the table
and their women stay next to them,
keyed to the danger of their hands waving
for another glass of wine
wilder every time.
Then vital war between the sexes,
and all hands go down to the beach
as to another lover, jeering at her
while they row in a drunk's raging dream.

Shipyard of the sun wounded by the sky
in the firing line of the waves.
It's time to go off to sea and snare its birds
unless a brawl of men or dogs or cocks
keeps the pack of boats ashore.

Night brings a little peace to the cove,
a bit of fresh water that forgets
itself and muddles in the idiot's eyes.
Someone I can't forget is rising in me
like a wave in the moon-bound sea,
pounding my face inside till I go blind.

[J.F.]

MONOLOGO DEL PADRE CON
SU HIJO DE MESES

Nada se pierde con vivir, ensaya;
aquí tienes un cuerpo a tu medida.
Lo hemos hecho en sombra
por amor a las artes de la carne
pero también en serio, pensando en tu visita
como en un nuevo juego gozoso y doloroso;
por amor a la vida, por temor a la muerte
y a la vida, por amor a la muerte
para ti o para nadie.

Eres tu cuerpo, tómalo, haznos ver que te gusta
como a nosotros este doble regalo
que te hemos hecho y que nos hemos hecho.
Cierto, tan sólo un poco
del vergonzante barro original, la angustia
y el placer en un grito de impotencia.
Ni de lejos un pájaro que se abre en la belleza
del huevo, a plena luz, ligero y jubiloso,
sólo un hombre: la fiera
vieja de nacimiento, vencida por las moscas,
babeante y resoplante.

Pero vive y verás
el monstruo que eres con benevolencia
abrir un ojo y otro así de grandes,
encasquetarse el cielo,
mirarlo todo como por adentro,
preguntarle a las cosas por sus nombres
reír con lo que ríe, llorar con lo que llora,
tiranizar a gatos y conejos.

Nada se pierde con vivir, tenemos
todo el tiempo del tiempo por delante
para ser el vacío que somos en el fondo.
Y la niñez, escucha:

THE FATHER'S MONOLOGUE WITH
HIS INFANT SON

You lose nothing by living, try it out;
here's a body just your size.
We have made it in darkness
out of love for the arts of the flesh
but also in earnest, thinking about your visit
as in a new game that's joyful and painful:
out of love for life, out of fear of death
and life, out of love of death
for you or for no one.

You are your body, take it, show us you like it
as we do this double gift
that we have made for you and that we have made for ourselves.
Sure, just a little
of that degrading first mud: the anguish
and pleasure in a shout of impotence.
From far away not a bird opening in the beauty
of the egg, in broad daylight, weightless and jubilant,
just a man: the
beast old from birth, defeated by flies,
drooling and panting.

But live and you will see
the monster that you are with kindness
to open an eye and another so wide,
to get the sky into your head,
to look at it all as though from within,
to ask things what their names are
to laugh with what laughs, cry with what cries,
to tyrannize cats and rabbits.

You lose nothing by living, we have
all the time in the time ahead
to become the emptiness that we are inside.
And childhood, listen:

no hay loco más feliz que un niño cuerdo
ni acierta el sabio como un niño loco.
Todo lo que vivimos lo vivimos
ya a los diez años más intensamente;
los deseos entonces
se dormían los unos en los otros.
Venía el sueño a cada instante, el sueño
que restablece en todo el perfecto desorden
a rescatarte de tu cuerpo y tu alma;
allí en ese castillo movedizo
eras el rey, la reina, tus secuaces,
el bufón que se ríe de sí mismo,
los pájaros, las fieras melodiosos.
Para hacer el amor, allí estaba tu madre
y el amor era el beso de otro mundo en la frente,
con que se reanima a los enfermos,
una lectura a media voz, la nostalgia
de nadie y nada que nos da la música.

Pero pasan los años por los años
y he aquí que eres ya un adolescente.
Bajas del monte como Zaratustra
a luchar por el hombre contra el hombre:
grave misión que nadie te encomienda;
en tu familia inspiras desconfianza,
hablas de Dios en un tono sarcástico,
llegas a casa al otro día, muerto.
Se dice que enamoras a una vieja,
te han visto dando saltos en el aire,
prolongas tus estudios con estudios
de los que se resiente tu cabeza.
No hay alegría que te alegre tanto
como caer de golpe en la tristeza
ni dolor que te duela tan a fondo
como el placer de vivir sin objeto.
Grave edad, hay algunos que se matan
porque no pueden soportar la muerte,
quienes se entregan a una causa injusta
en su sed sanguinaria de justicia.

there's no madman happier than a sane boy
nor a wise man so sure like a mad boy.
Everything we live we already lived
more intensely at the age of ten;
desires then
would fall asleep on each other.
Sleep came constantly, the sleep
that restores the perfect disorder in everything,
to free you from your body and soul;
there in that unreal castle
you were the king, queen, your henchmen,
the buffoon who laughs at himself,
the birds, the melodious beasts.
For lovemaking, your mother was there
and love was the kiss on the forehead from another world,
which comforts the sick,
a soft-spoken reading, the nostalgia
of no one and nothing that music gives us.

But over the years the years go by
and here you are an adolescent already.
You come down the mountain like Zarathustra
to fight for man against man:
a serious mission no one sends you on;
you inspire distrust among your family,
you talk about God in a sarcastic tone,
you come home a day later, dead.
They say that you are charming an old lady,
they have seen you doing somersaults in the air,
you prolong your studies with studies
which make your head swim.
There's no happiness that makes you so happy
as falling headlong into sadness
nor a grief that hurts you so deeply
as the pleasure of living for no reason.
A serious age, there are some who kill themselves
because they can't put up with death,
who give into an unjust cause
in their bloodthirsty desire for justice.

Los que más bajo caen son los grandes,
a los pequeños les perdemos el rumbo.
En el amor se traicionan todos:
el amor es el padre de sus vicios.
Si una mujer se enternece contigo
le exigirás te siga hasta la tumba,
que abandone en el acto a sus parientes,
que instale en otra parte su negocio.

Pero llega el momento fatalmente
en que tu juventud te da la espalda
y por primera vez su rostro inolvidable en tanto huye de ti que
    la persigues
a salto de ojo, inmóvil, en una silla negra.
Ha llegado el momento de hacer algo
parece que te dice todo el mundo
y tú dices que sí, con la cabeza.
En plena decadencia metafísica
caminas ahora con una libretita de direcciones en la mano,
impecablemente vestido, con la modestia de un hombre joven que
    se abre paso en la vida
dispuesto a todo.
El esquema que te hiciste de las cosas hace aire y se hunde en el
    cielo dejándolas a todas en su sitio.
De un tiempo a esta parte te mueves entre ellas como un pez en
    el agua.
Vives de lo que ganas, ganas lo que mereces, mereces lo que vives;
has entrado en vereda con tu cruz a la espalda.
Hay que felicitarte:
eres, por fin, un hombre entre los hombres.

Y así llegas a viejo
como quien vuelve a su país de origen
después de un breve viaje interminable
corto de revivir, largo de relatar
te espera en ti la muerte, tu esqueleto
con los brazos abiertos, pero tú la rechazas
por un instante, quieres

The bigger they are the harder they fall,
we lose track of the little ones.
All are betrayed in love:
love is the father of their evils.
If a woman feels tenderness for you
you'll force her to follow you to your grave,
to leave her family right away,
to move her business somewhere else.

But fatally the moment comes
in which your youth turns its back on you
and for the first time its unforgettable face runs away from
     you as much as you chase it
with a sidelong glance, not moving, seated in a black chair.
The moment to do something has come
it seems the whole world tells you
and you say yes, nodding your head.
At the height of metaphysical decadence
you now walk with a little address book in your hand,
impeccably dressed, with the modesty of a young man making
     his way in life
willing to do anything.
The plan you made takes on air and
sinks in the sky leaving things just as they were.
For some time now you move among them like a fish in water.
You live on what you get, you get what you deserve, you deserve
     what you live;
you are on the right path with your cross on your back.
Congratulations!
you are, finally, a man among men.

And so you reach old age
as someone who returns to his homeland
after a brief, endless trip
too short to be relived, too long to tell about
death waits for you inside you, your skeleton
with open arms, but you hold her back
for a moment, you want

mirarte larga y sucesivamente
en el espejo que se pone opaco.
Apoyado en lejanos transeúntes
vas y vienes de negro, al trote, conversando
contigo mismo a gritos, como un pájaro.
No hay tiempo que perder, eres el último
de tu generación en apagar el sol
y convertirte en polvo.

No hay tiempo que perder en este mundo
embellecido por su fin tan próximo.
Se te ve en todas partes dando vueltas
en torno a cualquier cosa como en éxtasis.
De tus salidas a la calle vuelves
con los bolsillos llenos de tesoros absurdos:
guijarros, florecillas.
Hasta que un día ya no puedes luchar
a muerte con la muerte y te entregas a ella
a un sueño sin salida, más blanco cada vez
sonriendo, sollozando como un niño de pecho.

Nada se pierde con vivir, ensaya:
aquí tienes un cuerpo a tu medida,
lo hemos hecho en la sombra
por amor a las artes de la carne
pero también en serio, pensando en tu visita
para ti o para nadie.

RECUERDOS DE MATRIMONIO

Buscábamos un subsuelo donde vivir,
cualquier lugar que no fuera una casa de huéspedes. El paraíso
       perdido
tomaba ahora su verdadero aspecto: unos de esos pequeños
       departamentos
que se arriendan por un precio todavía razonable

to look at yourself long and hard
in the mirror that clouds up.
Helped along by distant travelers
you come and go dressed in black, at a trot, talking
to yourself shouting, like a bird.
There's no time to lose, you are the last
of your generation to put out the sun
and turn to dust.

There's no time to lose in this world
made more beautiful by its end so near.
You are seen everywhere spinning
around anything, as if in ecstasy.
Whenever you go out to the streets you come back
with your pockets stuffed with odd treasures:
pebbles, wild flowers.
Until one day you can no longer fight
to the death with death and you give in to her
to a sleep with no way out, paler each time
smiling, crying like a baby.

You lose nothing by living, try it out:
here's a body just your size,
we have made it in the dark
out of love for the arts of the flesh
but also in earnest, thinking of your visit
for you or for no one.

[J.C.]

MEMORIES OF MARRIAGE

We were looking for a basement to live in,
anywhere that wasn't a rooming house. Paradise lost
began to take on its true shape: one of those little flats
you can still rent for a decent price

pero a las seis de la mañana. "Ayer, no más, lo tomó un matrimonio
  joven."
Mientras íbamos y veníamos en la oscuridad en direcciones
  capciosas.
El hombre es un lobo para el hombre y el lobo una dueña de casa
  de pensión con los dientes cariados, húmeda en las axilas,
  dudosamente viuda.
Y allí donde el periódico nos invitaba a vivir se alzaba un abismo de
  tres pisos:
un nuevo foco de corrupción conyugal.

Mientras íbamos y veníamos en la oscuridad, más distantes el uno
  del otro a cada paso
ellos ya estaban allí, estableciendo su nido sobre una base sólida,
ganándose la simpatía del conserje, tan hosco con los extraños
como ansioso de inspirarles gratitud filial.
"No se les habrá escapado nada. Seguramente el nuevo ascensorista
  recibió una propina."
"La pareja ideal." A la hora justa. En el momento oportuno.

De ellos, los invisibles, sólo alcanzábamos a sentir su futura
  presencia en un cuarto vacío:
nuestras sombras tomadas de la mano entre los primeros brotes del
  sol en el parquet,
un remanso de blanca luz nupcial.

"Pueden verlo, si quieren
pero han llegado tarde."
Se nos hacía tarde.
Se hacía tarde en todo.
Para siempre.

but at six in the morning. "A young couple took it, just
    yesterday."
While we went back and forth in the dark on misleading streets.
Man is a wolf to man and the wolf's a landlady with rotten teeth,
    damp armpits, a dubious widow.
And there where the paper invited us to live, an abyss three
    stories deep rose up,
a new center of conjugal corruption.

While we went back and forth in the dark, farther apart with
    every step,
they were there already, building their nest on solid ground,
winning over the caretaker, a man as surly to strangers
as he is eager to evoke their filial gratitude.
"They haven't missed a thing. I'll bet the new elevator boy got
    a tip."
"The ideal couple." Right on time. Not a moment too soon.

As to them, the invisible ones, all we could do was imagine them
    settled one day in the empty room:
our shadows hand in hand through the first flecks of sun on
    the parquet,
a still pool of white nuptial light.

"You can see it if you want
but you got here late."
It was getting late for us.
It was getting late for everything.
For ever.

                                      [J.F.]

MONOLOGO DEL POETA
CON SU MUERTE

Y bien, eso era todo.
Aquí tiene la vida, mírese en ella como en un espejo,
empáñela con su último suspiro.
Este es Ud. de niño, entre otros niños de su edad;
¿se reconocería a simple vista?
Le han pegado en la cara, llora a lágrima viva,
le han pegado en la cara.

Allí está varios años después, con su abuelo
frente al primer cadáver de su vida.
Llora al viejo, parece que lo llora
pero es más bien el miedo a lo desconocido.
El vuelo de una mosca lo distrae.

Y aquí vienen sus vicios, las pequeñas alegrías de un cuerpo
        reducido a su mínima expresión,
quince años de carne miserable;
y las virtudes, ciertamente, que luchan
con gestos más vacíos que ellas mismas.
Un gran amor, la perla de su barrio
le roba el corazón alegremente
para jugar con él a la pelota.
El seminario, entonces,
le han pegado en la cara. Ud. pone la otra;
pero Dios dura poco, los tiempos han cambiado
y helo aquí cometiendo una herejía.
Véase en ese trance, eso era todo:
asesinar a un muerto que le grita: no existo.
Existen Marx y el diablo.

Recuerde, ese es Ud. a los treinta años;
no ha podido casarse
con su mujer, con la mujer de otro.
Vive en un subterráneo, en una cripta

THE OLD MAN'S MONOLOGUE
WITH DEATH

And so, that was all of it.
Your life is before you, look at yourself in it as you would
    in a mirror,
cloud it up with your last breath.
That's you as a boy, among others your age:
would you recognize yourself on sight?
They've hit you in the face, you're crying openly,
they've hit you in the face.

There you are a few years later with your grandfather
facing the first corpse you've ever seen.
You cry for the old man, it seems you cry for him
but it's really because you fear the unknown.
A fly circling in the air distracts you.

And now your sins appear, the few pleasures of a body
    reduced to its least expression,
a fifteen-year-old made of wretched flesh;
and your virtues also appear, struggling with gestures
that are even emptier than themselves.
A great love, the pearl of your neighborhood,
cheerfully steals your heart
to play with it at the end of a string.
To the seminary now,
they've hit you in the face. You turn the other cheek;
but God doesn't last very long, times have changed
and you're caught committing a sacrilege.
Look at yourself in that situation, that was all:
killing a dead man who shouts at you: I don't exist.
Marx and the devil exist.

Think back, that's you at thirty;
you haven't been able to marry
your woman, the wife of another man.
You live in a basement, in a crypt

de lo que se lo ofrece, sin oficio,
esqueléticamente, como un santo.
Del otro mundo viene ciertas noches
a visitarlo el padre de su padre:
—Vuelve sobre tus pasos, hijo mío, renuncia
al paraíso rojo que te chupa la sangre.
Total, si el mundo cambia a cañonazos,
antes que nada morirán los muertos.
Piensa en ti mismo, instala tu pequeño negocio.
Todo empieza por casa.

Mírese bien, es Ud. ese hombre
que remienda su única camisa
llorando secamente en la penumbra.
Viene de la estación, se ha ido alguien,
pero no era el amor, sólo una enferma
de cierta edad, sin hijos, decidida a olvidarlo
en el momento mismo de ponerse en marcha.
Ud. se pone en su lugar. No sufre.
¿Eso era el amor? Y bien, sí, era eso.
Tranquilo. Una mujer de cierta edad. Tranquilo.
Mírela bien, ¿quién era? Ya no la reconoce,
es ella, la que odia sus calcetines rotos,
la que le exige y le rechaza un hijo,
la que finge dormir cuando Ud. llega a casa,
la que le espanta el sueño para pedirle cuentas,
la que se ríe de sus libros viejos,
la que le sirve un plato vacío, con sarcasmo,
la que amenaza con entrar de monja,
la que se eclipsa al fin entre la muchedumbre.

Y bien, eso era todo. Véase Ud. de viejo
entre otros viejos de su edad, sentado
profundamente en una plaza pública.
Agita Ud. los pies, le tiembla un ojo,
lo evitan las palomas que comen a sus pies
el pan que Ud. les da para atraérselas.
Nadie lo reconoce, ni Ud. mismo

you take what's handed to you, without a job,
thin as a skeleton, just like a saint.
On certain nights, your father's father
comes to visit you from the other world:
"Retrace your steps my son, let go
of the red paradise that sucks out your blood.
Even if the world changes through violence,
the dead will be the first to die.
Think of yourself, set up a small business.
Charity begins at home."

Look a little closer, you are that man
patching up his only shirt
crying without passion in the shadows.
You're coming back from the station, someone has left,
but it wasn't love, only a sickly woman
getting on in years, without children, set on forgetting you
just at the moment of leaving.
You put yourself in her place. You don't suffer.
Was that love? Okay, so it was.
Relax. A woman getting older. Relax.
Take a closer look at her. Who was she? You don't even
     remember,
but it's she, the one who hates the holes in your socks,
the one who demands yet rejects a child,
who pretends to be sleeping when you get home,
who wakes you up to ask you where you've been,
who pokes fun at your old books,
who sarcastically serves you an empty plate,
who threatens to become a nun,
who finally disappears into a crowd.

Well, that was all of it. Look at yourself sitting,
an old man among others your age,
hunched over in a public square.
You shuffle your feet, an eye twitches,
the pigeons eating the bread crumbs at your feet
shun you though you're the one feeding them.
No one knows who you are, not even you recognize yourself

se reconoce cuando ve su sombra.
Lo hace llorar la música que nada le recuerda.
Vive de sus olvidos
en el abismo de una vieja casa.
¿Por qué pues no morir tranquilamente?
¿A qué viene todo esto?
Basta, cierre los ojos;
no se agite, tranquilo, basta, basta.
Basta, basta, tranquilo, aquí tiene la muerte.

JONAS

Todo lo podría condenar igualmente, no se me pregunte en nombre
    de qué.
En nombre de Isaías, el profeta, pero con el grotesco gesto
    inconcluso de su colega Jonás
que nunca llegó a cumplir su pequeña comisión sujeto a los altos
    y bajos
del bien y del mal, a las variables circunstancias históricas
que lo hundieron en la incertidumbre de un vientre de ballena.
Como Jonás, el bufón del cielo, siempre obstinado en cumplir su
    pequeña comisión, el porta-documentos incendiario bajo la
    axila sudorosa, el paraguas raído a modo de pararrayos.
Y la incertidumbre de Jehová sobre él, indeciso entre el perdón y
    la cólera, tomándolo y arrojándolo, a ese viejo instrumento de
    utilidad dudosa
caído, por fin, en definitivo desuso.

Yo también terminaré mis días bajo un árbol
pero como esos viejos vagabundos ebrios que abominan de todo
    por igual, no me pregunten
nada, yo sólo sé que seremos destruidos.
Veo a ciegas la mano del señor cuyo nombre no recuerdo,

when you see your shadow.
Music that brings back no memories makes you cry.
You live off your forgetfulness
in the pit of an old house.
Well then, why not just die in peace?
What's this leading up to?
That's enough, close your eyes;
don't get upset, relax, enough is enough.
Enough, enough, easy now, here is death.

[D.U.]

JONAH

I could damn everything equally, just don't ask me in the
    name of what.
In the name of Isaiah, the prophet, yet with the grotesque
    and unfinished gesture of his colleague Jonah
who never managed to go through with his simple task, given
    to the ups and downs
of good and evil, to the fickle circumstances of history
that plunged him into the uncertainties of a whale's belly.
Like Jonah, the clown of heaven, always obstinate in going
    through with his simple task, the explosive briefcase
    tucked under a sweaty armpit, an umbrella worn down
    like a lightning rod.
And Jehovah's doubts about him, wavering between mercy
    and anger, grabbing him and tossing him, that old
    instrument whose use is doubtful
no longer used at all any more.

I too will end my days under a tree
but like those old drunken tramps who detest everything
    equally, don't ask me
anything, all I know is that we'll be destroyed.
Blindly I see the hand of a lord whose name I don't remember,

los frágiles dedos torpemente crispados. Otra cosa, de nuevo, que
    nada tiene que ver. Recuerdo algo así como . . .
no, no era más que eso. Una ocurrencia, lo mismo da. Ya no sé a
    dónde voy otra vez.
Asísteme señor en tu abandono.

MAYOR

El hijo único seria el mayor de sus hermanos
y en su orfandad algo tiene de eso
que se entiende por la palabra mayor. Como si también ellos
    hubieran muerto
sus imposibles hermanos menores.
Mucho más riguroso que el luto repartido
es el suyo: la muerte lo cortó a su medida,
lo cosió, lenta, con extrema finura
mientras el padre se iba transfundiendo en el hijo,
lo envejecía a fuerza de crearlo a su imagen
—niño otra vez el hombre, hombre otra vez el niño—
en noches tan oscuras como el luto que llevan.

Y el hijo tiene algo de un hermano mayor
como si lo rodeáramos, nonatos, mientras él nace por segunda vez
a una vida más grave que la nuestra.
Alguien se mira en él con los ojos cerrados.
gravita su silencio
sobre nuestras palabras sin objeto.

his delicate fingers clenched awkwardly. And also something else
    that has nothing to do with it. I remember something like . . .
no, it's only that. Just a thought, it doesn't matter. I just
    don't know where I am going again.
Help me Lord in Thy abandonment.

[J.C.]

ELDEST

So the only child's the eldest of his brothers
and in his orphanhood has something
of what "eldest" means. As though they too had died
those impossible younger brothers.
His grieving's more severe
because unshared: death cut it to fit,
slowly sewed it with exquisite skill
while the father was pouring into the son,
aging him after his own image
—the man a child again, the child a man—
through nights as dark as the grieving in them.

And the child's got something of an older brother
as if, still unborn, we would gather around him being born
a second time into a graver life than ours.
Eyes shut someone sees himself in him,
his silence presses
on our pointless words.

[J.F.]

EPISODIO

No me resolví nunca a abandonar la casa en el momento oportuno.
Del otro lado del cerco se me hicieron las señales convenidas.
La trepidación de un viejo automóvil, el granizado de las gaviotas
y se abstuvieron ya de razonar y de advertir
hundiéndose en el polvo victorioso, con la cabeza pesada.

CEMETERIO DE PUNTA ARENAS

Ni aun la muerte pudo igualar a estos hombres
que dan su nombre en lápidas distintas
o lo gritan al viento del sol que se los borra:
otro poco de polvo para una nueva ráfaga.
Reina aquí, junto al mar que iguala al mármol,
entre esta doble fila de obsequiosos cipreses
la paz, pero una paz que lucha por trizarse,
romper en mil pedazos los pergaminos fúnebres
para asomar la cara de una antigua soberbia
y reírse del polvo.

Por construirse estaba esta ciudad cuando alzaron
sus hijos primogénitos otra ciudad desierta
y uno a uno ocuparon, a fondo, su lugar
como si aún pudieran disputárselo.
Cada uno en lo suyo para siempre, esperando,
tendidos los manteles, a sus hijos y nietos.

INCIDENT

I could never make up my mind to leave home at the
     right moment.
I got the signal from across the fence.
The sputterings of an old jalopy, the screaming sea gulls
and in the end they stopped arguing and threatening
sinking heavily, their heads hanging down, into the victorious
     dust.

[D.U.]

CEMETERY IN PUNTA ARENAS

Not even death could make these men alike
who give their names to different gravestones
or shout them into the sun's wind that rubs them out:
some more dust for a fresh gust of wind.
Here, by the sea that is just like marble,
between this double row of bowing cypresses,
peace rules, a peace struggling to shatter itself,
ripping the burial parchments in a thousand pieces
to reveal the face of an ancient arrogance
and to laugh at the dust.

This city had yet to be built when its first
settlers raised still another empty city
and, one by one, they settled deep into their places
as if anyone would even try taking it away from them.
Each one forever in his own place, waiting,
the tablecloths laid out, for his sons and grandsons.

[D.U.]

NAVIDAD

¿Tendremos el valor de reunirnos esta noche
padres y hermanos, la novia que no tiene a donde ir, el vecino
    cordial?
Y el buen amigo de la infancia—qué sería de ella sin él—
    ¿encontrará esta noche
el buen camino entre su corazón y el nuestro?

El cardo ha destronado a los niños que fuimos y fantasmas perdidos
    en el reino del cardo
buscamos una calle en el desierto, la calle de la infancia,
el buen camino entre el polvo y nosotros,
nuestras lágrimas en los charcos de agua pantanosa.

GALLO

Este gallo que viene de tan lejos en su canto,
iluminado por el primero de los rayos del sol;
este rey que se plasma en mi ventana con su corona viva, odiosamete,
no pregunta ni responde, grita en la Sala del Banquete
como si no existieran sus invitados, las gárgolas
y estuviera más solo que su grito.

Grita de piedra, de antigüedad, de nada,
lucha contra mi sueño pero ignora que lucha;
sus esposas no cuentan para él ni el maíz que en la tarde lo hará
    besar el polvo.
Se limita a aullar como un hereje en la hoguera de sus plumas.
Y es el cuerno gigante
que sopla la negrura al caer al infierno.

CHRISTMAS

Do we have the courage to get together again this evening
brothers and parents, the girlfriend with no place to go,
    the friendly neighbor?
And the close childhood friend—what would it be like without him—
    will he find the road
from his heart to ours this evening?

The thistle has dethroned the children we once were and now,
    ghosts lost in its kingdom,
we're out in the desert looking for a street, the street
    of our childhood,
the good road between the dust and ourselves,
looking for our tears in the pools of standing water.

                      [D.U.]

ROOSTER

This rooster showing up from far away in his song,
lit by the sun's first ray,
this king with the vivid crown, cutting his hateful figure
in my window, doesn't ask or answer, he shouts in the
    Banquet Hall
as though his gargoyle guests didn't exist
and he was more alone than his cry.

He cries out stone, antiquity, nothingness,
fights my sleep but doesn't know he's fighting,
his wives don't matter or the corn that come evening
    will make him kiss the dust.
He just howls like a heretic in his plumy bonfire.
And is the giant horn
blowing blackness on the plunge to hell.

                      [J.F.]

35

DESTIEMPO

Nuestro entusiasmo alentaba a estos días que corren
entre la multitud de la igualdad de los días.
Nuestra debilidad cifraba en ellos
nuestra última esperanza.
Pensábamos y el tiempo que no tendría precio
se nos iba pasando pobremente
y estos son, pues, los años venideros.

Todo lo íbamos a resolver ahora.
Teníamos la vida por delante.
Lo mejor era no precipitarse.

LA INVASION

En la antiséptica Sala del Consejo se entronizó una cabeza
        emplumada
y, como si nada hubiera ocurrido en mil años, volvió a reinar allí
        un silencio estruendoso
que el fuego iba a romper con su única palabra
sobre la piedra de los sacrificios.
Los eternos muchachos de siempre adoptaron la postura ritual,
desnudos hasta la cintura con los pies sobre la mesa, masticando
        tabaco
sus tatuajes hablaban por ellos, esos tesoros de la infancia
eran el mismo número de una revista ilustrada
y al final de la historia allí estaban reunidos
esperando el resultado de la elección de su victima.

Se hizo la señal de la cruz de la espada.
Se desenjauló al águila heráldica en la puerta del servicio,
        aconsejándole que hiciera una carnicería con calma
sin perder una pluma delatora. Se tomaron otras medidas absurdas.

BAD TIMING

Our enthusiasm fostered these days that run
among the crowd of days all alike.
Our weakness placed on them
our last hope.
We used to think and time that should've been priceless
was passing us poorly
and these are, well, the coming years.

We were going to solve everything now.
Life was ahead of us.
It was best not to act rashly.

[J.C.]

THE INVASION

In the antiseptic Council Hall a plumed head was given
    the throne,
and a deafening silence that fire would break with its only
    word on the sacrificial stone
reigned once more, as if nothing had happened in a thousand
    years.
The same boys as ever got into the ritual poses,
stripped to the waist, their feet on the table, chewing
    tobacco
their tattoos spoke for them, those childhood treasures
were just the same copy of an illustrated magazine
with the boys gathered at the end of the story
waiting to find out who had been chosen their victim.

The sign of the cross of the sword was made.
The heraldic eagle was uncaged at the service door and told
    that it should carry out the slaughter smoothly
without losing a feather that would give it away. Other
    absurd steps were taken.

37

Se trajo el lavamanos a la mesa del joven emperador para unas
   manos ensangrentadas de tinta.
Se acusó recibo de sus cartas asesinas, en un inglés tropical
   terriblemente obsequioso.
Afuera se marcaba el mal paso en sordina. Se esperó todavía unas
   horas en el patio
por si allí arriba se olvidaban de algo.
Y los mercenarios entonaron el himno
de la jauría en dirección a la isla.

A bowl was brought to the young emperor's table for washing
    hands bloodied with ink.
His murderous letters were acknowledged in terribly polite,
    tropical English.
Outside the low music marked time to this evil move. They
    still waited for hours in the courtyard
just in case those upstairs had forgotten something.
And the pack of mercenaries sang its anthem
like dogs on the way to the island.

[J.C.]

from *Poesía de paso*
Occasional Poetry
(1966)

MARKET PLACE

Cirios immensos para siempre encendidos,
surtidores de piedra, torres de esta ciudad
en la que, para siempre, estoy de paso
como la muerte misma: poeta y extranjero;
maravilloso barco de piedra en que atalayan
los reyes y las gárgolas mi oscura inexistencia.
Los viejos tejedores de Europa todos juntos
beben, cantan y bailan sólo para sí mismos.
La noche, únicamente, no cambia de lugar,
en el barco lo saben los vigías nocturnos
de rostros mutilados. Ni aun la piedra escapa
—igual en todas partes—al paso de la noche.

CISNES

Miopía de los cisnes cuando vuelan,
bien alargado el cuello, bien redondos
y como si empuñaran la cabeza.
Pero aun así no pierden, ganan otra
forma de su belleza indiscutible
estas barcas de lujo de Sigfrido
bajo cuyas pesadas armaduras
tomaron el camino de la ópera
sin perder una sola de sus plumas.
La poesía puede estar tranquila:

MARKET PLACE

Huge tapers flaming forever,
stone spouts, towers in this city
I'm always just passing through
like death itself, poet and stranger.
Astounding stone ship where kings
and gargoyles spy on my gloomy life.
All the old weavers of Europe are drinking
singing and dancing together just for themselves.
Night is the only thing that won't move on,
the ship's nightwatchmen know it
with their carved-up faces. Not even stone escapes—
it's the same everywhere—the trace of night.

[J.F.]

SWANS

Nearsightedness of swans when they fly,
well rounded and as if brandishing the head,
the neck well stretched.
But even so they don't lose, they gain another
shape of their indisputable beauty
—these luxurious boats of Siegfried,
under whose bulky armor
they made their way to the opera
without losing a single one of their feathers.
    Poetry can rest easy:

no fueron cisnes, fue su propio cuello
el que torció en un rapto de locura
muy razonable pero intrascendente.
    Ni la mitología ni el bel canto
pueden contra los cisnes ejemplares.

CIUDADES

    Ciudades son imágenes.
Basta con un cuaderno de escolar para hacer
la absurda vida de la poesía
en su primera infancia:
extrañeza elevada al cubo de Durero,[1]
y un dolor que no alcanza a ser él mismo,
melancólicamente.

    Dos ratas blancas giran en un círculo
a la velocidad de la neurosis;
después de darme vueltas sesenta días justos
en el gran mundo como en una jaula,
me concentro en un solo pensamiento:
ratas que giran.

    Blanca, velluda, diminuta esfera
partida en dos mitades que brincan por juntarse,
pero donde fue el tajo, la perpleja lisura
y el dolor, ahora están esas patitas,
y en medio de ellas sexos divisorios,
sexos compensatorios.
Nos salen cosas donde fuimos seres
aparte enteramente, enteramente aparte.
Cinco minutos de odio, total . . . cinco minutos.

[1] El poliedro de Durero

it wasn't the swans', it was its own neck
that it wrung in a fit of madness
quite reasonable yet unimportant.
    No mythology or bel canto
can measure up to the ideal swan.

[J.C.]

CITIES

Cities are images.
All you need is a schoolboy's notebook to carry out
the absurd life of poetry
in its first stages:
strangeness raised to Dürer's third power,[1]
and a pain that never gets to be itself,
in a melancholy way.

Two white rats run in a circle
at the speed of neurosis;
after whirling around for a full sixty days
in the big world as in a cage,
I set my mind on one thought:
rats going in circles.

White, shaggy, little sphere
split in halves that jump to unite,
but where the cut was, the confused softness
and the pain, there are now those little legs,
and between them different sexes,
counterbalanced sexes.
Things come out of us from where we were
completely apart, apart completely.
Five minutes of hate, in all . . . five minutes.

[1] Dürer's polyhedron

Ciudades son lo mismo que perderse en la calle
de siempre, en esa parte del mundo, nunca en otra.

¿Qué es lo que no podría dar lo mismo
si se le devolviera al todo, en dos palabras,
el ser mezquinamente igual de lo distinto?
Sol del último día; ¡qué gran punto final
para la poesía y su trabajo!

En el gran mundo como en una jaula
afino un instrumento peligroso.

COLISEO

Última fase de su eclipse: el monstruo
que enorgullece a Roma mira al cielo
con la perplejidad de sus cuencas vacías.
Sólo el oro del sol, que no se acuña
ni hace sudar la frente ni se filtra en la sangre
colma y vacía a diario esta cisterna rota.
El tiempo ahora es musgo, semillero del polvo
en que las mutiladas columnas ya quisieran
descansar de su peso imaginario.

MUCHACHA FLORENTINA

El extranjero trae a las ciudades
el cansado recuerdo de sus libros de estampas,
ese mundo inconcluso que veía girar,
mitad en sueños, por el ojo mismo
de la prohibición—y en la pieza vacía

Cities are like getting lost on the same old
street, in that part of the world, never in another.

What is it that wouldn't matter
if it were to be made whole again, in short,
to be pettily identical to what's different?
Sun of the final day; what a great way to end
poetry and its work!

In the big world as in a cage
I tune a dangerous instrument.

[D.U.]

COLISEUM

Last phase of its eclipse: the monster
that makes Rome proud stares up at the sky
with the puzzled look of its empty sockets.
Only the sun's gold, that won't be minted
nor make the brow sweat nor seep into the blood
fills and empties out this cracked cistern every day.
Time is moss now, a seedbed of dust
where the mutilated pillars wish they could
rest from their imaginary load.

[D.U.]

FLORENTINE GIRL

A foreigner brings to the cities
the worn memory of his picture books,
    that incomplete world he watched spin,
half dreaming, through the very eye
of things forbidden—and in the empty room

47

parpadeaba el recuerdo de otra infancia
trágicamente desaparecida—.
Y es como si esta muchacha florentina
siempre hubiera preferido ignorarlo
abstraída en su belleza Alto Renacimiento, camino
    de Sandro Boticelli,
las alas en el bolso para la Anunciación, y un
    gesto de sembrar luces equidistantes
en las colinas de la alegoría
inabordables.

NATHALIE A SIMPLE VISTA

En lo real como en tu propia casa,
el secreto reside en olvidar los sueños;
poner así en peligro el sentido de la noche retirando,
    uno a uno los hilos de la urdimbre
en que ella trama sus horribles dibujos,
como se gasta, en el umbral la estera, bajo el polvo.

Y bienvenidos sean los consejos del cuerpo y las
    sanas costumbres de la nueva barbarie.
Quizá la práctica del Judo o el furibundo asalto a un
    neumático viejo
en rue Manuel, a las seis de la mañana,
y la dulce y perdida murmuración del ombligo al
    caer de la tarde; sí, atrévete a decirlo
maravillosa.

Viene del vientre la voz del paraíso. En lo real
    como en su propia pulpa
el desnudo femenino corta el aliento del sueño.
Atrévete a decir que no habías mordido
sino sólo pequeños frutos ácidos.

flickered the memory of another childhood,
tragically lost.
And it's as if this Florentine girl
would always have preferred to ignore him
absorbed in her High Renaissance beauty,
    after Sandro Botticelli,
wings for the Annunciation in her handbag, looking
    as if she's ready to scatter light equally about
on the hills of the allegory
beyond reach.

                                         [D.U.]

NATHALIE AT A GLANCE

In what's real as in your own home,
the secret is in forgetting your dreams;
this way you jeopardize the meaning of the night pulling out
    one by one the threads of a warp
in which the night weaves its terrifying designs,
just as a doormat covered with dust wears out.

   Let's welcome the body's advice and the wholesome ways
    of the new barbarism.
Perhaps practicing judo or angrily kicking
    an old tire
on Rue Manuel, at six in the morning,
and the sweet and lost grumbling of the navel when the sun
    goes down; yes, wonderful,
dare say it.

   The voice of paradise comes out of the womb. In what's
    real as in her own flesh
a woman's body cuts off the breath of sleep.
Dare to say you haven't bitten into anything
but little sour fruits.

                                           [J.C.]

NATHALIE

Estuvimos a punto de ejecutar un trabajo perfecto,
Nathalie en una casa de piedra de Provenza.
Dirás ahora que todo estuvo mal desde el principio
      pero lo cierto es que exhumamos, como por arte de magia,
todos, increíblemente todos los restos del amor
y en lo que a mí respecta hasta su aliento mismo:
el ramillete de flores de lavanda.

Es cierto: nuestras buenas intenciones fracasaron,
      nuestros proyectos se redujeron al polvo del camino
entre la casa de Lulú y la tuya.
No se podía ir más lejos con los niños
que además se orinaron en nuestro experimento;
pero aprendí a Michaux en tu casa, Nathalie; una
      vociferación que me faltaba,
un dolor, otra vez, incalculable
para el cual las palabras no tienen gusto a nada.

Vuelvo a París con el cuaderno vacío,
tu trasero en lugar de mi cabeza,
tus piernas prodigiosas en lugar de mis brazos,
el corazón en la boca no sé si de tu estómago o del mío.
Todo lo intercambiamos, devorándonos: órganos y
      memorias, accidentes del esfuerzo por calarnos a fondo,
Nathalie, por fundirnos en una sola pulpa.

Creer en dios; sólo me falta esto
y completar, rumiando, el ciclo de la baba,
a lo largo de Francia.
Pero sí, trabajamos duramente
hombro con hombro, ombligo contra ombligo
y estuvimos a punto de sumergirnos en Rilke.

No hemos perdido nada:
este dolor era todo lo que podía esperarse;
sólo me falta aullarlo en el momento oportuno,
      mi viejecilla, mi avispa, mi madre de
      dos hijos casi míos, mi vientre.

NATHALIE

We were just about to do a perfect job,
Nathalie in a stone house in Provence.
Now you'll say we started off on the wrong foot
    but what we really did was dig up, as if by magic,
all, incredibly all the remains of love
and even its breath as far as I'm concerned:
that bouquet of lavender flowers.

It's true: our good intentions didn't work out
    our plans turned into the dust of the road
between Lulu's house and yours.
We just couldn't go any further with the children
who anyhow pissed on our experiment;
but I discovered Michaux in your house, Nathalie;
    a shouting out that I needed,
pain, again, so gigantic
it makes words lose all their taste.

I return to Paris with an empty notebook,
your ass where my head should be,
your wonderful legs where my arms should be,
and my heart in the pit of your stomach or in mine, I'm not sure.
We switched everything, eating up each other: organs and
    memories, pitfalls as we tried to get deep into each other,
Nathalie, and melt both of us into one flesh.

To believe in God; that's all I need
and to complete, chewing the cud, the cycle of drool,
all over France.
But sure, we did work hard
shoulder to shoulder, navel to navel
and we were just about to plunge into Rilke.

We've lost nothing:
this pain was all that could be expected;
all I need is to howl it at the right moment,
    my little woman, my wasp, my mother of
    two sons almost mine, my womb.

"Va faire dodo Alexandre. Va faire dodo Gérome."
　　Ah, qué alivio para ellos
el flujo de la baba de la conciliación. Toda otra
　　forma de culto es una mierda.
Me hago literatura.
Este poema es todo lo que podía esperarse
después de semejante trabajo, Nathalie.

EPILOGO

　　Vivimos todos en la oscuridad, separados
por franqueables murallas llenas de puertas falsas;
moneda que se gira para los gastos menudos de la
　　amistad o el amor nuestras conversaciones
contra lo inagotable no alcanzan a tocarlo
cuando ya se precisa renovarlas, tomar
un camino distinto para llegar a lo mismo.
Es necesario acostumbrarse a saber
vivir al día, cada cual en lo suyo,
como en el mejor de los mundos posibles.
Nuestros sueños lo prueban: estamos divididos.
Podemos simpatizar los unos con los otros,
y eso es más que bastante: eso es todo, y difícil
acercar nuestra historia a la de otros
podándola del exceso que somos,
distraer la atención lo imposible para atraerla
　　sobre las coincidencias.
y no insistir, no insistir demasiado:
ser un buen narrador que hace su oficio
entre el bufón y el pontificador.

"Va faire dodo Alexandre. Va faire dodo Gérome."
    Ah, what a relief for them
the flow of drool of making up. Any other ritual
    is just crap.
I turn into literature.
This poem is all that could be expected
after such a job, Nathalie.

[J.C.]

EPILOGUE

   We all live in darkness, kept apart from each other
by walls easily crossed but full of fake doors;
money drawn for light spending on friends or love
    our arguments
about the inexhaustible don't even graze it
just when it's time to start talking again, and take
a different road to get to the same place.
We have to get used to knowing how
to live from day to day, each one on his own,
as in the best of all possible worlds.
Our dreams prove it: we're cut off.
We can feel for each other,
and that's more than enough: that's all, and it's hard
to bring our stories closer together
trimming off from the excess we are,
to get our minds off the impossible and on the things
    we have in common,
and not to insist, not to insist too much:
to be a good storyteller who plays his role
between clown and preacher.

[D.U.]

LA DERROTA

Concentración de imágenes, diana de lo real;
las palabras restituyen el poder a los hechos; y
    el ardiente fantasma de la nueva poesía
es un viejo que cierra su negocio por última vez,
extramuros de una ciudad que ha perdido el recuerdo
    de sus correspondencias
con el boulevard Montparnasse,
la razón de los sueños y el buen sentido del misterio.

Hace mucho tiempo, en realidad, que yo no pude
    asistir al entierro del último del primero
    de nuestros magos, pero cuando muy joven
    conocí a sus herederos.
Esa sombra, preservada de las impurezas del trato,
    fue para unos una excelente envoltura
    parietal—armadura invisible, a prueba
    de lugares comunes—para otros, la ironía de un faro
que iluminaba sus propias tempestades.
—Y ahora, ¿qué hago?—dijo uno de ellos; y no era
    una pregunta, al cumplir cincuenta años:
el autor de unos versos oscuros como esta noche
desesperada.

La realidad nos ha puesto a todos en evidencia;
    también a mí, en especial, el sobrino lejano
    de esos astros desaparecidos
por arte de una magia que ya no podemos practicar
    sin hacernos culpables de la noche;
desaparecidos al girar de torvos engranajes en una
    gran molienda necesaria
como superfluos fuimos los espíritus errantes.

La realidad es lo que cuenta, y, en el centro de ella
    y contra ella, la máquina.
No lo lamento por nadie: a cada uno el tormento de
    sus claudicaciones, de su perversidad o de su insignificancia.
Ni aún por mí, acaso, el último en abandonar ese

THE DEFEAT

Concentration of images, the reveille of reality;
words restore power to the facts; and the fiery ghost
    of the new poetry
is an old man closing his store for the last time,
the outskirts of a city that has lost the memory
    of its ties
with Boulevard Montparnasse,
the reason of our dreams and the good sense of mystery.

It's really been a long time, since I couldn't be at
    the burial of the last of the first of our magicians,
    but when I was very young I met his heirs.
That shadow, free from the impurities of its handling,
    was for some an excellent bone wrapping—an
    invisible hidden frame, safe from commonplaces—
    for others, the irony of a lighthouse
that lit up its own storms.
—What'll I do now?—one of them said; and it wasn't a
    question, posed at age fifty:
the author of some poems dark as this hopeless night.

Reality has exposed all of us; me too, especially,
    the distant nephew of those stars that vanished
as if by a magic we can't practice any more without being
    responsible for the night;
we, like unimportant wandering spirits, vanished in the
    powerful, spinning gears
of a huge inevitable grinding.

Reality is what counts and, in the center of it and
    against it, the machine.
I don't feel sorry for anyone: to each the anguish of
    his failures, his wickedness, or his unimportance.
Not even for myself, the last one, perhaps, to abandon

barco fantasma porque la noche anterior
había bebido en exceso.
Esto es una imagen todavía. El primero de los que me antecedieron
en comprender que no se puede ser el último de ellos
sin correr la peor parte de su suerte.
Nuestros enemigos son demasiado numerosos para
permitirnos el lujo de pensar en nuestros amigos.
Ayer tarde pasaron por aquí como un río que se
saliera de madre, los jesuítas volaron la represa;
en automóviles de lujo; en grandes carros alegóricos,
y a pie también para alentar con su ejemplo
al rebaño de carneros de los pobres de espíritu. Para
éstos el reino celestial
y, como anticipo, el sagrado horror al infierno
comunista, el capitalismo popular y las
obras de caridad: bultos de ropa vieja;
en suma: una pequeña participación en la existencia
bajo el auspicio de los viejos sátrapas.

La máquina, la máquina.
No es aquella de las primeras décadas del siglo:
mutilación y éxtasis de los mejores espíritus
ni esta otra en que se cortan dos líneas paralelas
mundos opuestos pero confabulados
por una misma obsesión de extenderse a otros mundos.

Sobreviviría a la guerra total un minuto de silencio
por la sorpresa de nuestros muertos
pues, en realidad, somos personas modestas.

Es una máquina . . . la vi el otro día en la exposición
de Paolozzi.
A estas lejanas tierras sólo nos trae la resaca restos de
estructuras distorsionadas por remotas explosiones;
el escultor procede con ironía cancelando lo función
de las formas y fundiendo en un todo piezas
de aviones y artefactos varios;
pero nosotros oscilamos entre la inocencia y la ignorancia
y no podríamos hacernos un ídolo de nuestras máquinas
sino una máquina de nuestros ídolos.

that ghost ship because I had drunk too much the
    night before.
This is still an image. The first of those that preceded
    me in understanding you can't be the last one
    without running into the worst of luck.
We have too many enemies to allow ourselves the luxury
    of thinking about our friends.
Yesterday afternoon they came this way like a river
    breaking loose, the Jesuits had blown up the dam;
in fancy automobiles; in huge floats, and also on foot
    to inspire by their example
the flock of sheep, the meek ones. For these, the
    heavenly kingdom,
and, as a preview, the holy fear of the communist hell,
    popular capitalism, and acts of charity: bundles
    of old clothes;
in short: a small role in life under the auspices of
    the old dictators.

    The machine, the machine.
It's not the one from the early part of this century:
    mutilations and ecstasy of the best spirits
nor this other one that splits up two parallel lines:
    opposite worlds but both plotting
with the same obsession of spreading out to other worlds.

    Shocked by our dead, a moment of silence would survive
    all-out war
since, after all, we are modest people.

    It's a machine . . . I saw it the other day at the
    Paolozzi exhibition.
To these remote lands, the undertow brings us just the
    pieces of structures twisted by distant explosions;
the sculptor goes about it ironically, gets rid of the
    function of forms and welds airplane parts and odd
    fixtures into one piece;
but we waver between innocence and ignorance and we
    couldn't make an idol for ourselves out of our
    machines, but a machine out of our idols.

Qué diablos: un pueblo subdesarrollado,
involuciones de usos y costumbres cuyo sentido se
adapta a los tiempos
en que era la oración el consuelo del látigo
y el dios de España, la vergüenza de los ángeles.
Nuestras batallas perdidas habrán sembrado en nosotros el miedo;
nuestras victorias: la transferencia del respeto
de los héroes a quienes les siguieron en el orden
de la rapiña
y los discursos patrióticos.

¿Qué quiere decir pobre de solemnidad? El Siglo de las Luces
y el nuestro de los chonchones a gas, nos sorprendieron
en actitudes vergonzantes
organizando la miseria donde el cura párroco, en
el Gran Patio Trasero,
en la lucha por los mayorazgos y contra los
muertos protestantes.
Caballeros de pera y bigote, ¡qué exceso de
estatuaria
honorabilidad cortado por una misma tijera!
Muchos de ellos iguales a los otros: el cuello
duro los salvaría todavía de la horca.
Honramos toda clase de tumbas, aun las que
debiéramos hacer saltar en pedazos.
En cualquier álbum de familia se nos oculta el gestor
de negocios extranjeros bajo un aspecto
señorial, con las manos enguantadas
después de introducirlas en el Fondo de Soborno.

Quinamáquinama. El mecanismo es de una sencillez
aplastante para sus manipuladores, pero,
¿quién se cuenta entre ellos
que pueda establecer el orden donde siempre reinó
la premeditada alevosía del caos?
A la forma sigue la forma y una vasta disformidad
mueve a todo el conjunto
pesadamente, en una dirección fatal.

What the hell: an underdeveloped people,
a lapse of habits and customs whose meaning conforms to
    the times
when prayer was the relief from the whip
and the Lord of Spain, the shame of the angels.
Our lost battles would have planted fear in us;
our victories: the transfer of respect
from heroes to those who followed them in the order of
    pillage
and patriotic speeches.

    What does being a pauper mean? The Century of Lights
and our century of homemade lamps caught us doing
    shameful acts
setting up misery where the parish priest lives, in
    the Great Back Yard,
in the struggle for primogeniture and against the dead
    Protestants.
Gentlemen with goatees and mustaches, what an excess
    of statuelike
nobility cut from the same mold!
Many of them looking alike: the stiff
collar would still save them from the gallows.
We pay respect to all kinds of tombs, even those we
    should blow to pieces.
Every family album hides an agent of foreign business
    beneath a noble face, wearing gloves
after having dipped his hands in the Bribery Fund.

Chinemachinema. Its machinery is so crushingly simple
    to run, but who among its operators
can establish order where the premeditated treachery of
    chaos always ruled?
Form follows form and a huge deformity slowly directs
the whole thing in a fatal direction.

Conforme: los mejores ingenieros militan en todos los
    bandos, sólo que éstos agotaron su ingenio
en presentar bajo un aspecto nuevo un viejo artefacto
sobradamente conocido e insuficientemente reconocido
por las engañadas víctimas de sus depredaciones a quienes
    se les enseña confundir la fatalidad con el crimen.

    ¡Basta de farsas!
Se sabe que pondrán a su servicio las técnicas del milagro
    y dónde es la planificación del milagro, los países
    en que operan en gran escala y aquellos otros en que
    bastan las operaciones parciales.
Esto en lo que se refiere a las esperanzas cifradas
en la luna de miel con la resurrección del colonialismo
    europeo, bajo fases propicias al nuevo trato.

    ¿Quién es quién para decir que no? Sobre este punto
    la paridad de las opiniones y el consenso de los pasos
    en los salones del Palacio.
Ni aun el escéptico más escrupuloso aceptaría su
    omisión en la lista de los invitados
a un reencuentro con la Bella Época.
La ceremonia es una afición nacional: el desfile bajo
    la suave penumbra
de los uniformes de gala comidos por las larvas.
Al aire libre el fútbol y el domingo evangélico: tristeza
    de otro Huerto de los Olivos en que el espíritu y la
    carne rumian, bajo el mismo yugo, una agonía
    que se mosquea en los platos de pasto.

    Pero de los bárbaros, qué se puede esperar.
Finalmente no hemos reemplazado todas nuestras costumbres por
    las suyas, una curiosa falta de concentración en el
    modelo
condena nuestras copias a la dorada medianía;
y, en cualquier caso, el resto de lo que hemos convenido en
    llamar la dignidad nacional, sería seriamente
    lesionado en caso de que resolvieran adoptar el aire
    de nuestra derrota para sumarse a la celebración del
    triunfo, en esta lejana factoría,

I agree: the best engineers serve in all the parties,
    but these burned out all their talents
in presenting under a new face an old device
only too well known and not recognized well enough
by the deceived victims of its ravages who are taught
    to confuse their fate with crime.

   Enough lies!
Everyone knows they'd use the techniques of miracles and
    also where they'd plan the miracle, those countries
    where they operate on a grand scale and those where
    simple operations will do.
All this with respect to the hopes placed
on the honeymoon, along with the resurrection of European
    colonialism, under stages favorable to the New Deal.

   Who's anyone to say no? On this point all opinions
    equal and all in step in the Palace Halls.
Not even the most thorough skeptic would accept
    his omission from the guest list
for a reunion with the Good Old Days.
The ceremony is a national pastime: the parade under
    the soft twilight
of dress uniforms eaten by moths.
Soccer and misisonary Sunday in the fresh air: sadness
    for another Olive Garden where the spirit and the
    flesh ruminate, under the same yolk, an agony
    that rots on the plates of grass.

   But what can you expect from savages.
In the end we haven't replaced all our customs with
    theirs, an odd lack of concentration on their model
condemns our imitations to a brassy commonness;
in any case, what's left of what we've agreed to call
    national dignity would be seriously damaged if they
    ever decided to take on the air of our defeat to join
    the victory celebration, in this remote trading post,

de la perpetuación del cáncer de su imperio
en las entrañas ajenas.
Hace algunas horas (esta noche y la noche pasada se confunden;
    el vocerío triunfante con el silencio del fracaso)
uno de ellos, con la mona ardiendo,
venía disfrutando del carnaval de la calle en el
    carnaval de la micro el gran carajo,
parados los dedos en la V de la victoria: las trenzas de una
    poderosa niñita anglosajona que montara un potro
    furioso con una impasible cara de puñete.
El hombre-dogo
se arremolinaba en torno a su eje como la ropa en la máquina
    lavadora, codeando a su vecino de asiento en el pecho
    y resoplando:
"Me norteamericano. Me norteamericano."
Yo hubiera deseado que se le hundiera el mundo.

Se dirá: "un caso individual," y el índice acusador
    debe apuntar allí donde se incuban los factores
    impersonales que mueven a los individuos el río
    a las carpas en la época del desove;
"de la sociologie avant toute chose," pero qué montón
    de obviedades en los casos extremos
cuando la claridad brota de los poros mismos del
    cuerpo del delito
arrojado apresuradamente a los baldíos que exhibe la luna
    frente a los grandes edificios colectivos.

  Bastaba ver a ese sujeto para obtener una visión
    panorámica y bien articulada, las cifras
    innecesarias en los últimos planos.
La diferencia que va de un yanqui a otro sólo representa,
    para nosotros, un margen de imprevisible brutalidad
    en el trato con las fuerzas de una ocupación que se
    dice pacífica,
y un margen, también, para el cultivo de las amistades
    personales en la tierra de nadie.
El culto de la amistad es una afición personal, la atención
    con los huéspedes,

perpetuating the cancer of their empire
in foreign guts.
A few hours ago (tonight and last night are blurred;
      shouts of victory with the silence of failure)
one of them, roaring drunk,
came by, enjoying the carnival of the street in the
      carnival of the bus, the hot shit,
his fingers raised in the V for victory: the braids of a
      powerful Waspy little girl who'd get on a bucking
      stallion with a blank, pugnosed face.
The bulldog-man
spun around on his axis like clothes in a washer,
      elbowing the guy sitting next to him in the chest
      and panting:
"Me norteamericano. Me norteamericano."
I would have wished his world had sunk.

   Someone will say: "he's a special case," and the
      accusing finger should point out there, where those
      impersonal factors that affect people incubate, as
      the river to the carp during spawning time;
"de la sociologie avant toute chose," but what a heap
      of obvious facts in extreme cases
when the simple truth sprouts from the very pores of
      the corpus delicti
thrown quickly into the sandlots, lit up by the moon,
      in front of huge housing projects.

   Seeing that person was enough to get a clear and
      sweeping view, unnecessary statistics for the final
      analysis.
The difference between one Yankee and another represents
      for us a fringe of unpredictable brutality with
      the armies of a so-called peaceful occupation,
and also a fringe for cultivating personal friendship
      in No Man's Land.
The cult of friendship is a personal hobby, courtesy
      toward the guests,

la moderación por parte de moros y cristianos, el cese de
        todo antagonismo a la hora del almuerzo.
En un pequeño país cargado de tradiciones, la formalidad ante
        todo, y el empleo de la violencia sicológica
sólo en los casos desacostumbrados.
El control, a una distancia flagrante, de nuestra vieja
        máquina junto con la promesa de su restauración
a manos de técnicos especializados sobre la base
        de excedentes de la industria pesada.

    No se puede dudar:
de los sesenta mil agentes de la FBI y de la CIA, sólo uno
        que otro ha mostrado la hilacha
en su intento por trepar a los carros alegóricos y ocupar
        un lugar bamboleante
junto a esas bellezas que lo eclipsaban todo en la
        apoteosis del triunfo, menos el sentido
        de nuestra derrota.
Todo estaba claro a pesar de tanto resplandor y el brillo
        de las miradas y los fuegos artificiales.

    El invisible ejército de ocupación puede batirse
        en una retirada incruenta
y reconocer sus cuarteles de primavera y verano: temporadas
        de pesca en los lagos del sur y de cosecha en los
        desiertos metalíferos.
Al Pacífico, al Atlántico los barcos de guerra: aquí
        no se precisa importar la paz
        en la persona de franco tiradores e infantes de marina.
Puede aflojarse un poco el cinturón de hierro
hacia el otro lado de los Andes y estrecharlo en los
        lugares verdaderamente estratégicos
donde la sangre escuece, burbujea y grita.

    La lucha entre demócratas y republicanos sólo
        parece posible solventarla lejos de casa
mediante el empleo, en pequeña escala, de la Bomba,
        rasando el vivero, en los pastizales
de esos pequeños comunistas de ojos oblicuos. Un arañazo
        en profundidad,

the restraint by both Cowboys and Indians,
    the ceasefire of all agressions at lunchtime.
In a small country full of tradition, propriety above
    all, and the use of psychological warfare
only in unusual situations.
The control, at a blazing distance, of our old machine
    coupled with the promise of its restoration
in the hands of specialized technicians on the basis
    of the surplus of heavy industry.

    No doubt about it:
of the sixty thousand FBI and CIA agents, only a few
    have shown their true faces
in their attempt to climb on the floats and stand
    tottering
next to the beauties that overshadowed everything but
    the meaning of our defeat, in the apotheosis of
    victory.
It was all very clear despite the glitter, the brightness
    of the gazes, and the fireworks.

    The invisible occupation army can retreat without
    shedding blood
and set up spring and summer headquarters: fishing
    seasons in the southern lakes and harvest time in
    the metal-bearing deserts.
Battleships to the Pacific and the Atlantic: it's not
    necessary to import peace here
in the guise of snipers and marines.
The steel belt can be loosened a bit toward the other
side of the Andes and tightened on the truly
    strategic places
where the blood stings, bubbles and screams.

    The fight between Democrats and Republicans can
    seemingly be settled only far from home
by using the Bomb on a small scale, razing young trees,
    in the pastures
of those tiny, slant-eyed Communists. A deep clawing,

y luego el desfile de los harapos humanos en homenaje
    a la Libertad y a la Democracia.

   Esto es lo que ocupa a los hombres fuertes:
    "la lucha por la Paz," nos dice uno de ellos
nuevamente ocupando toda la pantalla panorámica esa cara
    impenetrable como un hongo en expansión;
unas hendijas de hierro nos miran, a través de ella
    el verdadero ejército se pierde de vista
en marcha ascendente hacia los abismos del otro lado del
    cielo, rayada de columnas en que blanquea el pánico.
Las pestañas cosidas al pliegue de los párpados son
    montones de hulla, y en los primeros planos vidriosos
    nada se sabe de lo que ocurre en la otra mitad del
    hemisferio.
La disciplina militar adolece de ciertos defectos compensados
    en el orden del número y de la fuerza.
Esos muchachos no marchan: caminan, cada uno "en el contexto
    de su libertad personal"—diría uno de sus mitos—
    como si se dirigieran, en todas direcciones,
    por clanes llameantes.
A la cantina, al bar, a la sala de bolos o a las hecatombes
    en los estadios llameantes.

   Bajo los ojos se entornan, la erosión en las bolsas de
    la edad: montes áridos, llenos de cicatrices.
El mensaje concluye en lo que quiere ser un llamamiento
    a la cordura pero es el delirio total el que hace
    las señalizaciones tras la amenaza dentada de
    columnas dóricas.
El orador piensa en la muerte, y la muerte, por primera
    vez, en sí misma, con la perplejidad de una primera
    dama que fuera repentinamente violada por una horda
    de beats, en su propia residencia.
Es una muerte que entrevé la curiosa posibilidad de
    terminar incluso consigo misma
en el baño de hidrógeno.
Este descubrimiento la transfigura: opulenta belleza de

and then the parade of human rags in honor of Liberty
and Democracy.

This is what keeps strong men busy: "the fight for
Peace," one of them says to us,
while his impenetrable face takes up the whole wide
screen again like a mushroom cloud;
some iron slits watch us, through them we lose sight of
the real army
marching up toward the abysses on the other side of
the sky, streaked by columns where panic turns
white.
Sewn where the lids fold, the eyelashes are heaps of
coal, and nothing's known at the first blurred
level of what's going on in the other half of the
hemisphere.
Military discipline has certain flaws compensated by
number and force.
Those boys don't march: they walk, each "in the context
of his individual freedom"—one of their myths
would say—as if they were led in all directions
by flaming clans.
To the tavern, to the bar, to the bowling alleys or to
human sacrifices in the flaming stadiums.

Under rolling eyes, the aging of the bags: dry
mountains, full of scars.
The message ends in what seems to be an appeal for
common sense, but it's absolute madness that makes
signals behind the threatening teeth of Doric
columns.
The speaker thinks of death, and death, for the first
time, in herself, with the dazed look of a first
lady suddenly raped by a horde of Beats, in her
own home.
It is a death that glimpses the odd chance of ending up
even with herself
in a hydrogen bath.
This discovery changes her: Marilyn Monroe's rich beauty

Marilyn Monroe otro San Sebastián para los corazones
sexuados que quisieran cobrarse, en la carnicería
total, de las mutilaciones del espíritu.

Pero el Hombre, el Intrépido, el Duro
sólo interpreta, es claro, "limpiamente" a las mayorías
de su pueblo que podrían volverse en contra suya,
hacia otro.
Ninguna sombra de duda ha cruzado esa máscara: tan alto
vuela el águila sobre los Apalaches,
entre cincuenta estrellas nombres de su soberbia:
la noche constelada por la obsesión del triunfo.

Ser elegido por un pueblo elegido
no es una tarea que se pueda complir, exclusivamente,
al nivel de las fuerzas humanas.
Corrección absoluta en la suma de los mitos, tal es el
camino de la verdad, the American Way, transitado
ya por los Divinos y los Santos
y quienes sembraron con sus huesos la hora de la
expansión del drama ilimitado.
Presentar al opositor un flanco monolítico, una caparazón
más dura que cien de las suyas, y bajo la cubierta
enchapada de dorados símbolos irracionales, el libro
de cuentas al día:
en el Haber: la mandíbula del procónsul y el silbido
del látigo en la bota del centurión, la multiplicación
de los impuestos y el hundimiento de los pequeños
mercados provinciales;
en el Debe: el regateo de los fondos de caridad.

Para el ejercicio de un Destino Manifiesto, la
fatalidad es un gaje en el oficio,
se diría el objeto de una especie de culto instituido
para exorcizarla.
En todo esto está el masoquismo a la orden del día:
Tánatos, el amor a la autodestrucción de la Bestia Rubia,
reducido al jadeo del hotentote rubio, lucha de
todos contra todos en la que se ha ido desprendiendo,

another San Sebastian for the sexed hearts that
would like to profit, in the total butchery, from
the mutilations of the spirit.

But the Man, the Fearless, the Tough One
only speaks, "skillfully" of course, for the majority
        of his people who could turn against him, toward
        someone else.
Not a shadow of a doubt has crossed that mask: the
        eagle flies so high over the Appalachians,
among fifty stars names of her arrogance
the night star-studded by the obsession for triumph.

To be chosen by a chosen people
isn't a task that can exclusively be carried out on the
        level of human drive.
No errors in adding up the myths, that's the road to
        truth, the American Way, already crossed by Gods
        and Saints
and by those who planted with their bones the time for
        the spreading of the endless drama.
To show your opponent a monolithic flank, a shell
        harder than a hundred of his, and under the cover
        gilded with absurd symbols, the account book
        brought up to date:
in the black: the proconsul's jaw and the whistling
        whip on a centurion's boot, the rise in taxes, and
        the collapse of the small, outlying markets;
in the red: the haggling over charity funds.

For exercising a Manifest Destiny, doom is all in a
        day's work,
one would say it's the purpose of a sort of cult set up
        to exorcise it.
In all this, masochism is the order of the day:
Thanatos, the Blond Beast's love for self-destruction,
        reduced to the panting of a blond Hottentot,
        fights for all against all while he withdraws, bit

progresivamente, del amor a sí mismo junto con
grandes trozos de sustancia humana
hasta quedarse en la parcialidad de los músculos y
de los huesos.

En las urnas triunfará la amenaza del más fuerte,
la estabilización de la violencia bajo el rostro de César,
so pena de caer en la inflación de la misma
y en el dominio de los pequeños negocios
que arruinarían el prestigio del Imperio.
Esto lo sabe muy bien el opositor,
pero a su ciego acoso todavía es posible responder
con un nuevo discurso del Cuatro de Julio.
Una grandeza sin paralelo sería el leit motiv apropiado.
Sin paralelo: he aquí un buen puzzle para los
intelectuales desafectos al pan y al circo, y que
no hayan sucumbido a la pobreza voluntaria en la
Venecia del Oeste o a las drogas junto al Ganges
o en las cavernas del Viejo Mundo.
La historia podría detenerse, reconstituida Torre de
Babel, y flamear en lo alto el águila bifronte.

MONOLOGO DEL VIEJO
CON LA MUERTE

Y ahora te toca a ti: el poeta y su muerte;
no es una buena escena ni aun para el autor
de los monólogos: nada ocurre en ella
de especialmente emocionante. El rostro
mismo del miedo que uno pensaría
todo un teatro de máscaras,
no es más que este pie equino, un sapo informe,
un puñado de hongos.

Tu misma enfermedad, nunca se supo
quién de los dos el cuerpo, quién el alma

by bit, from his self-love with big chunks of
human substance
till he remains on the same side as the muscles and
the bones.

The threat of the strongest will win in the ballot box,
the stabilization of violence under Caesar's eye, under
penalty of falling into the swell of violence and
under the control of small businesses
that would destroy the prestige of the Empire.
The opponent understands this point very well,
but it's still possible to reply to its blind pursuit
with a new Fourth of July speech.
An incomparable majesty would be the appropriate leitmotif.
Incomparable: here's a good puzzle for those
intellectuals opposed to bread and the circus, and
who haven't yielded to the vows of poverty in the
Venice of the West or to drugs by the Ganges or in
the caves of the Old World.
History, the Tower of Babel restored, could stop and
wave a two-headed eagle in the sky.

[D.U.]

MONOLOGUE OF THE POET
AND HIS DEATH

And now it's your turn: the poet and his death;
it's not a good scene, not even for the author
of the monologues: nothing particularly stirring
occurs in it. The face
of fear itself that you thought was
a whole theater of masks,
is no more than this equine foot, a shapeless toad,
a handful of mushrooms.

Your sickness itself, we never knew
which of the two it was, body or soul,

71

hasta su floración en una noche
en que al gusto habitual a tierra de hojas
de tu lengua, sentiste con horror
que se mezclaba al polen venenoso;
y tus pies te llevaron a la rastra
por el camino de tus hospitales.

Cuánta inocencia ahora
que la muerte prepara tu bautismo
en las aguas servidas de la sangre
una y mil veces transformadas en vino,
quiere que tú te mires en ellas sollozando,
como si todo tu pasado fuera
algo por verse allí
en ese triste espejo que volvía a trizarse
cada siete años, con tu cara adentro.
Todo lo tuyo fue—dicen las trizaduras—
altos y bajos de la mala suerte.

Quienes van a morir en esta pieza
de hospital, ya lo saben los unos de los otros;
lo repiten, lo aprenden, lo recitan, lo aúllan.
El silabario del dolor circula
de cama en cama, los recuerdos tiemblan
juntos, como en un ghetto de Varsovia.
(Médicos que parecen gaviotas, alcatraces,
vuelan sobre un cardumen de termómetros,
y las horribles golondrinas ruedan
con las alas zurcidas a la espalda
y los pies húmedos de escupitajos.)

Nadie, si lo quisiera, podría hacerse trampas
pensando que es un juego esta partida
ni sacar un horrible solitario.
La memoria sajada de los unos
supura, abiertamente,
toda la porquería inolvidable;
la de los otros se extravía y canta
salmos del cloroformo: tangos dodecafónicos
algodonosos y sanguinolentos.

until its blossoming one night
when the usual taste of leafy earth
on your tongue you felt with horror
had poisonous pollen mixed in;
and your feet dragged you
on the road to your hospitals.

    All this innocence now
that death is preparing your baptism
in the sewage waters of blood and
a thousand and one times changed into wine,
he wants you to look at yourself sobbing in it
as if your whole past were
something for seeing yourself in
that sad mirror that shattered
every seven years, with your face inside.
All you had, say the fragments,
was ups and downs of bad luck.

    Which of them will die in this room
of the hospital, they've figured out already;
they practice it, learn it, chant it, rant it.
The primer of grief circulates
from bed to bed, memories tremble
together, as in a Warsaw ghetto.
(Doctors who seem to be sea gulls, pelicans,
skim over a school of thermometers,
and frightful swallows wheel past,
their wings stitched to their shoulders
their feet wet with spit.)

    No one, even if he wanted to, could play
this journey like a game,
or win one wretched hand of solitaire.
In some, a lacerated memory
oozes openly
every bit of unforgettable filth;
in others, it strays and sings
psalms about chloroform: cottony blood-soaked
twelve-tone tangos.

Pero tú, sustraído al delirio común
por un miedo que ya no tiene nombre
ni otra figura que la tuya propia,
vas a morir con dignidad, se dice.
Quizás, como no aceptes de la muerte otra cosa
que, por entretener a las visitas,
unos tropiezos de bufón danzante
junto al trono del rey del humor negro.

Y pues ahora que te asisten plenos
poderes como a Ubu o Chaplín, los imbéciles
sólo atinan a irse
como si se sentaran en las brasas,
tu soledad es cada vez más tuya;
precisas no mezclarte con la chusma, distraes
la mirada paseándola por el vago rebaño
de las camas, te miras el ombligo del mundo.
Todo el orgullo que se diga es poco.

De los recuerdos de tu infancia, no más
juega tu corazón, como en un viejo patio
casi vacío, con los más tranquilos.
Cedes—toda prudencia—al sueño que soñabas
cuando era el despertar de un niño a la dulzura
de la convalecencia, entre las manos
maternales.
Piensas en los hermanos Grimm y en Andersen.
Sabes, crees saber que, pasajero
de un tren-cisne-dragón-globo aerostático,
vas salvando el escollo de la noche, y el aire
libre, la luz del otro extremo del túnel,
te murmura al oído: "ahora estás sano y salvo."
¡Un día al fin! Tu madre, toda suave lectura,
vuelve para aventar del patio los recuerdos
turbulentos, que gritan: ¡El muerto, el muerto, el muerto!
con las orejas y las manos sucias.

But you, removed from the common frenzy
by a fear that has no name any more
or any other face than your own,
you'll die with dignity, they say.
Maybe so, since all you accept from death
to keep your guests amused
is a few pratfalls by a dancing fool
at the King of Black Humor's throne.

And now that you're fully empowered
like Ubu or Chaplin, the dolts
can only get up and leave
as if they were sitting on hot coals;
your solitude is more your own each day;
you won't mix with the rabble, you amuse
yourself looking at the loose collection
of beds, you think you're the world's own navel.
All the pride called for is not enough.

Only the serenest memories of childhood
are what your heart plays with
as in an old, almost vacant courtyard.
You fall back—prudence itself—on the dream you dreamt
when a child was waking to the sweetness
of convalescence, in its
mother's arms.
You dwell on the brothers Grimm and Andersen.
You know, you think you know, as passenger
on an airborne train-swan-dragon-balloon,
that you're skirting the reef of night, and the open
air, the light at the other end of the tunnel,
whispers in your ear: "Now you're safe and sound."
A day at last! Your mother, like a gentle lesson,
comes back to clear the courtyard of rowdy
memories that cry The dead man! dead man! dead man!
with their dirty ears and hands.

[J.F.]

from *La musiquilla de las pobres esferas*
A Bit of Music from the Lower Spheres
(1969)

LA MUSIQUILLA DE LAS
POBRES ESFERAS

Pueda que sea cosa de ir tocando
la musiquilla de las pobres esferas.
Me cae mal esa Alquimia del Verbo,
poesía, volvamos a la tierra.
Aquí en París se vive de silencio
lo que tú dices claro es cosa muerta.
Bien si hablas por hablar, "a lo divino",
mal si no pasas todas las fronteras.

¿Nunca fue la palabra un instrumento?
Digan, al fin y al cabo, lo que quieran:
en la profundidad de la ignorancia
suena una musiquilla verdadera;
sus auditores fueron en Babel
los que escaparon a la confusión de las lenguas,
gente anodina de los pisos bajos
con un poco de todo en la cabeza;
y el poeta más loco que sagrado
pero con una locura con su cuerda
capaz de darle cuerda a la alegría,
capaz de darle cuerda a la tristeza.

No se dirige a nadie el corazón
pero la que habla sola es la cabeza;
no se habla de la vida desde un púlpito
ni se hace poesía en bibliotecas.

A BIT OF MUSIC FROM THE
LOWER SPHERES

Maybe it's time to start playing
a bit of music from the lower spheres.
I'm sick of that Alchemy of the Word,
poetry, let's get back down to earth.
Here in Paris they live on silence,
what you speak right out falls flat.
Fine if you talk for talk's sake, "in the spirit,"
bad if you don't break new ground.

Was the word never an instrument?
Let them finally say what they will,
in the profoundest ignorance
resounds a bit of true music;
the ones who hear it are those
who escaped the confusion of tongues at Babel,
dull folks on the bottom floor
with a little of everything in their heads;
and the poet, more crazy than holy
but crazy with a crank attached
good for winding up joy,
good for winding up sadness.

The heart addresses no one
but the head alone speaks;
you don't talk of life from a pulpit
or make poetry in libraries.

Después de todo, ¿para qué leernos?
La musiquilla de las pobres esferas
suena por donde sopla el viento amargo
que nos devuelve, poco a poco, a la tierra,
el mismo que nos puso un día en pie
pero bien al alcance de la huesa.
Y en ningún caso en lo alto del coro,
Bizancio fue: no hay vuelta.

Puede que sea cosa de ir pensando
en escuchar la musiquilla eterna.

GALLO

Canta este gallo, el mismo, y yo: ¿soy otro?
que degollé, y a la redonda estaban
todos mis años;
el número ha crecido, pero en esto
no se distinguen entre sí, escuchándolo
sólo un poco más cerca de la muerte.

Gallo, qué insomnio,
clarín de qué batalla más perdida,
vindicativo, no, ni cruel,
pero enemigo, enemigo, enemigo.

ALBUM

La claridad del día ya no es más
que el parpadeo de un ciego que se orienta
        por el sol
que el encuentro de la memoria y el álbum de la familia.

In the end, why read us?
A bit of music from the lower spheres
is heard wherever the hard wind blows
that returns us little by little to the earth,
the same wind that one day set us on our feet
but within easy reach of the grave.
And by no means up in the choirloft,
Byzantium's past: there's no going back.

Maybe it's time to start thinking
of listening to an eternal bit of music.

[J.F.]

ROOSTER

This same rooster crows, and I: am I different?
whose neck I slit, and all my years
were gathered around;
their number has grown, but in this
there's no way to tell them apart, hearing him
just one step closer to death.

Rooster, what insomnia:
bugler from such a lost battle,
vengeful, no, not even cruel,
but a bitter, bitter enemy.

[D.U.]

ALBUM

The day's light is now nothing but
the blinking of a blind man who gets his bearings
        from the sun
or the meeting of memories with the family album.

Nos orientamos hacia una falsa claridad memoriosa
y el sol de este verano es una cosa de ciegos,
pero el sueño lo sabe: estaríamos allí
si el último día no fuera sólo un día entre otros.

REVOLUCION

No toco la trompeta ni subo a la tribuna
De la revolución prefiero la necesidad de conversar
     entre amigos
aunque sea por las razones más débiles
hasta diletando; y soy, como se ve, un pequeño
     burgués no vergonzante
que ya en los años treinta y pico sospechaba
     que detrás del amor a los pobres
     de los sagrados corazones
se escondía una monstruosa duplicidad
y que en le cielo habría una puerta de
     servicio
para hacer el reparto de las sobras entre los
     mismos mendigos que se
     restregaban aquí abajo contra los
     flancos de la Iglesia
en ese barrio uncioso pero de cuello y
     corbata
frío de corazón ornamental
La revolución
es el nacimiento del espíritu crítico y las
     perplejidades que le duelen al
     imago en los lugares en que se
     ha completado para una tarea
     por ahora incomprensible
y en nombre de la razón la cabeza vacila
y otras cabezas caen en un cesto
y uno se siente solitario y cruel

We are heading for a false light full of memories
and this summer's sun is a blind man's thing,
but the dream knows it: we would be there
if the final day weren't just another day.

[D.U.]

REVOLUTION

I don't blow the trumpet or step up to the speaker's platform
When it comes to revolution I am more satisfied talking
    with my friends
whether or not this may be for the flimsiest of reasons
even dilettanting; and I am, as you can tell, a petty
    bourgeois though not embarrassingly so
who in the thirties already suspected that behind the love
    for poor kids in the Sacred Heart schools
lurked a monstrous hypocrisy
and that there would be a service door in heaven
for handing out scraps to the same beggars who rubbed against
    the flanks of the church down here
in that oily though prim and proper neighborhood
cold with ornamental heart
The revolution
gives birth to the critical spirit and the confusions that
    hurt its image in places where it has been carried out
    for an objective that doesn't make sense right now
and, in the name of reason, your head wavers
as other heads fall into a basket
and you feel alone and spiteful

víctima de las incalculables injusticias que
        efectivamente no se hacen esperar
        y empiezan a sumarse en el
        horizonte de lo que era de rigor
        llamar entonces la vida
y su famosa sonrisa.

SEIS SOLEDADES

I

La soledad sin pausa de la que otros beben
a la hora del cocktail
no es mi vaso es mi tumba, me la llevo a los labios,
braceo en ella hasta perderme de vista
entre su oleaje mórbido.
La soledad no es mi canario es mi monstruo
como si cohabitara con un asilo de locos.

II

Virgen, sería falso si no te lo dijera:
un corazón se come o se rechaza,
no es ni un jarrón con flores ni un poema.
Cerca estuviste, cerca de alcanzarme
pero te faltó el cuerpo.
Mi corazón no puedo dejarlo en tu cajita
junto con los aretes y las fotografías.
Ya te regalarán uno mejor.

III

En pie de guerra todo, menos yo.
Ama de casa en pie de guerra
contra la rata que la invade,
niños en pie de su futuro, con una guerra por delante,
hombres al pie del pie de guerra con sus insignias
        y proclamas.

a victim of untold wrongs that just won't be held back and
        that start to pile up on the horizon of what then was
        properly called life
and its famous smile.

[J.C.]

SIX POEMS OF LONELINESS

I

The unending loneliness from which others drink
during the cocktail hour
is my grave, not my glass, I bring it up to my lips
and thrash about in it till I disappear
into its morbid waves.
Loneliness is my monster, not my canary
as if I were living with an insane asylum.

II

Pure one, I would be lying if I didn't tell you:
you either eat a heart or throw it away
it's neither a vase with flowers nor a poem.
You were very near, you almost caught me
your body lagged behind.
I can't leave my heart in your little box
with your earrings and your photographs.
Soon enough someone will give you a better one.

III

Everything's ready for war except me.
The housewife ready for war
against the invading rat,
boys ready for the future, for a war ahead,
men standing ready for war with their banners and slogans.

Menos yo en pie de qué,
en pie de poesía, en pie de nada.

IV

Vivir del otro lado de la mujer
me refiero a esta especie de suicidio
borde de la locura,
y, por una razón u otra, pasa el tiempo
como diría el poeta, sin ella.
Aquí en esta ciudad, en un panal de vidrio,
en mi celdilla hermética
robo a la angustia horas de mi razón, muriéndome
en el trabajo estéril del poeta,
en su impotencia laboriosa.
Sin mujer, con espanto,
laborioso.

V

Junto a una virgen que me da a beber
de su dulzura hasta el enervamiento,
frutos de cera, tropicales:
el amor casi a imagen
y semejanza de lo que sería,
pero muñeco, en realidad, parlante,
y un peligroso juego
de no inflamarse en frutos verdaderos.
Castigo: la impotencia, los errores sexuales,
la tristeza, el deseo de morir.

VI

Las mujeres
imbuidas de todo lo que existe
bueno o malo, no importa.
Grandes esponjas acomodaticias.
Ellas que son mi gran resentimiento,
mi secreción de rencorosas glándulas,
mi pan, mi soledad de cada día.

Except me standing for what,
standing for poetry, standing for nothing.

IV

Living on the other side of a woman
I'm talking about this kind of suicide
on the edge of madness,
and, for one reason or another, time goes by
as the poet would say, without her.
Here in this town, in a glass honeycomb,
in my sealed cell
I steal hours of sanity from anguish, dying
in the poet's fruitless work,
in his plodding impotence.
Without a woman, with fright,
plodding on.

V

Next to a virgin who feeds me
her sweetness until exhausted,
tropical, wax fruits:
love almost made in the image
of what it should be,
but really just a talking doll,
and a dangerous game
of not turning into real fruits.
Punishment: impotence, sexual blunders,
sadness, wanting to die.

VI

Women
steeped in everything there is,
good or bad, it makes no difference.
Huge, obliging sponges.
They are my great resentment,
what my spiteful glands secrete,
my loneliness, my daily bread.

[D.U.]

RIMBAUD

El botó esta basura
yo le envidio su no a este ejercicio
a esta masturbación desconsolada
Me importa un trueno la belleza
con su chancro
Ni la perversión ni la conversión interesan
No a la magia. Sí de siempre a la siempre
     decepcionante evidencia de lo que es
y que las palabras rasguñan, y eso
lo poetizo también
Este es un vicio al que sólo se escapa como él
     desdeñosamente
y pudo, en realidad, bloquearse en su neurosis
perder la lengua a manos de la peste
y ese no ser un sí a la lujuria de la peste

Por todos los caminos llego a lo impenetrable
a lo que sirve de nada
Poesía culpable quizás de lo que existe
Cuánta palabra en cada cosa
qué exceso de retórica hasta en la última hormiga

Pero en definitiva él botó esta basura
su sombrero feroz en el bosque.

MESTER DE JUGLARIA

Ocio increíble del que somos capaces, perdónennos
los trabajadores de este mundo y del otro
pero es tan necesario vegetar.
Dormir, especialmente, absorber como por una pajilla delirante
en que todos los sabores de la infelicidad se mixturan
rumor de vocecillas bajo el trueno estos monstruos

RIMBAUD

He threw away this trash
I envy his saying no to this work
to this cheerless masturbation
I don't give a damn about beauty
with her chancre
I don't care about perversion or conversion.
No to magic. Yes as ever to the ever-deceiving proof of
     what is
and what words scratch, and that
I also poetize
This is a bad habit you can only break the way he did,
     scornfully
and he could, in fact, block himself in his neurosis
lose his tongue at the hands of the plague
and that not being a yes to the lust of the plague

All roads lead me to the impenetrable
to what's good for nothing
Poetry guilty perhaps of what exists
So many words for each thing
such an excess of rhetoric even on the least little ant

But he threw away this trash once and for all
his fierce hat in the woods.

                                [J.C.]

ART OF JUGGLERY

Incredible idleness we're capable of, forgive us,
workers of this world and the next,
but there's such a need to loaf.
To sleep, above all, to sip, as through some raving straw
blended with every taste of wretchedness,
a whiff of little voices from the thunder these monsters

nuestras llagas
como trocitos de algo en un calidoscopio.
Somos capaces de esperar que las palabras nos duelan
o nos provoquen una especie de éxtasis
en lugar de signos drogas
y el diccionario como un aparador en que los niños
perpetraran sus asaltos nocturnos
comparación destinada a ocultar el verdadero alcance
de nuestros apetitos
que tanto se parecen a la desesperación a la miseria
Ah, poetas, no bastaría arrodillarse bajo el látigo
ni leernos, en castigo, por una eternidad los unos a los otros.
En cambio estamos condenados a escribir,
y a dolernos del ocio que conlleva este paseo de hormigas
esta cosa de nada y para nada tan fatigosa como el álgebra
o el amor frío pero lleno de violencia que se practica en
      los puertos.
Ocio increíble del que somos capaces yo he estado almacenando
mi desesperación durante todo este invierno,
trabajadores, nada menos que en un país socialista
He barajado una y otra vez mis viejas cartas marcadas
Cada mañana he despertado más cerca de la miseria
esa que nadie puede erradicar,
y, coño, qué manera de dormir
como si germinara a pierna suelta
sueños insomnes a fuerza de enfilarse a toda hora frente a un
      amor frío
pero lleno de violencia como un sargento borracho
estos datos que se reunen inextricables
digámoslo así en el umbral del poema
esas cosas de aspecto lamentable traídas no se sabe para qué
desde todos los rincones del mundo
(y luego hablaron de la alquimia del verbo)
restos odiosos amados en una rara medida
que no es la medida del amor
De manera que hablo por experiencia propia
Soy un sabio en realidad en esta cosa de nada y para nada
y francamente me extraña
que los poetas jóvenes a ejemplo del mundo entero
se abstengan de figurar en mi séquito

our wounds
like bits of something in a kaleidoscope.
We're capable of wanting words to hurt us
or stir up a sort of ecstasy
instead of drug signs
and the dictionary like a pantry the children
    raid at night
analogy that's bound to conceal the true scope
    of our hunger
which looks so much like despair like misery
O poets, it's not enough to kneel down under the lash
or to read each other, as punishment, all through eternity.
Instead we're condemned to write,
and regret the idleness that suffers this parade of ants
this nothing and for nothing business as tedious as algebra
or love that's frigid yet full of a waterfront violence.
Incredible idleness we're capable of I have been hoarding
my despair all winter long,
workers, and in a socialist country no less
Over and over I've shuffled my old deck of marked cards
Every morning I've woken up closer to misery
the kind no one can wipe out,
and shit—what a way to sleep
as if insomniac dreams were sprouted casually,
having lined up hour by hour opposite a love that's frigid
    yet full of violence like a drunken sergeant
these tangled data crowding
so to speak on the threshold of the poem
deplorable-looking things dragged in for God knows what
    from every corner of the earth
(and then they talk about the alchemy of the word)
hateful remains beloved in rare measure
which isn't the measure of love
So that I speak from my own experience
I'm really a sage in this nothing and for nothing business
    and frankly I wonder
why the young poets, just like the rest of the world,
    refrain from joining my retinue

Ellos se ríen con seguridad de la magia
pero creen en la utilidad del poema en el canto
Un mundo nuevo se levanta sin ninguno de nosotros
y envejece, como es natural, más confiado en sus fuerzas
que en sus himnos
Trabajadores del mundo, uníos en otra parte
ya os alcanzo; me lo he prometido una y mil veces,
sólo que no éste el lugar digno de la historia,
el terreno que cubro con mis pies
perdonad a los deudores morosos de la historia,
a estos mendigos reunidos en la puerta del servicio
restos humanos que se alimentan de restos
Es una vieja pasión la que arrastramos
Un vicio, y nos obliga a una rigurosa modestia
En la Edad Media para no ir más lejos
nos llenamos la boca con la muerte,
y nuestro hermano mayor fue ahorcado
sin duda alguna por una cuestión de principios
Esta exageración
es la palabra de la que sólo podemos abusar
de la que no podemos hacer uso—curiosidad vergonzante—,
ni mucho menos aun cuando se nos emplaza a ello
en el tribunal o en la fiesta de cumpleaños
Y siempre a punto de caer en el absurdo total
habladores silentes como esos hombrecillos
      del cine mudo—que en paz descansen—
cuyas espantosas tragedias parodiaban la vida:
miles de palabras por sesión y en el fondo
un gran silencio glacial
bajo un solo de piano de otra época
alternativamente frenético o dulce hasta la náusea
Esta exageración casi una mala fe
por la que entre las palabras y los hechos
se abre el vacío y sus paisajes cismáticos
      donde hasta la carne parece evaporarse
bajo un solo de piano glacial y en lugar de los dogmas surge
bueno, la poesía este gran fantasma bobo
ah, y el estilo que por cierto no es el hombre
sino la suma de sus incertidumbres

They can laugh at magic safely enough
yet believe in a poem's a song's utility
A new world arises without any one of us
and, naturally, grows old, surer of its power
than its poetry
Workers of the world, unite somewhere else
I'm with you, as I promised myself a thousand times over,
        only this isn't the proper place for history,
the ground my feet go on
forgive the lagging debtors of history
these beggars bunched at the service entrance
human scraps that feed on scraps
It's an old passion we drag along
A vice, and it forces the strictest modesty on us
In the Middle Ages to go back no further
we filled our mouths with death,
and our older brother was hanged no doubt
        on a matter of principle
This exaggeration
is the speech we can only abuse
we cannot make use of—shamefaced curiosity—
        much less when we're cited for it
        at court or a birthday party
And always about to fall into total absurdity
soundless speakers like those little guys
        on the silent screen—may they rest in peace—
whose frightful tragedies were a parody of life:
thousands of words per session and deep inside
        a great glacial silence
under a piano solo from another era
either frenetic or nauseatingly tender
This exaggeration almost bad faith
as between words and facts
an emptiness yawns with its schismatic landscapes
        where even flesh seems to fade
under a glacial piano solo and in place of dogmas, well,
out comes poetry this great phantom dunce
O, and style which is certainly not the man
but the sum of his uncertainties

la invitación al ocio y a la desesperación y a la miseria
Y este invierno mismo para no ir más lejos
      lo desaproveché pensando
en todo lo que se relaciona con la muerte
preparándome como un tahúr en su prisión
para inclinar el azar en mi favor
y sorprender luego a los jugadores del día
con este poema lleno de cartas marcadas
que nada dice y contra el cual no hay respuesta posible
y que ni siquiera es una interrogación
un as de oro para coronar un sucio castillo de naipes
una cara marcada una de esas
que suelen verse en los puertos ellas nos hielan la sangre
y nos recuerdan la palabra fatal
un resplandor en todo diferente de la luz
mezclado a historias frías en que el amor se calcina
Todo el invierno ejercicios de digitación en la oscuridad
de modo que los dedos vieran manoseando estos restos
cosas de aspecto lamentable que uno arrastra y el ocio
de los juglares, vergonzante
padre, en suma, de todos los poemas:
vicios de la palabra
Estuve en casa de mis jueces. Ellos ahora eran otros
no me reconocieron
Por algo uno envejece, y hasta podría hacerlo,
según corren los tiempos, con una cierta dignidad
Espléndida gente. Sólo que, como es natural, alineados
Televidentes escuchábamos al líder yo también caía
      en una especie de trance
No seré yo quien transforme el mundo
Resulta, después de todo, fácil decirlo,
y, bien entendido, una confesión humillante
puesto que admiro a los insoportables héroes
      y nunca han sido tan elocuentes quizás
como en esta época llena de sonido y de furia
sin más alternativa que el crimen o la violencia
Que otros, por favor, vivan de la retórica
nosotros estamos, simplemente, ligados a la historia
pero no somos el trueno ni manejamos el relámpago

an invitation to idleness despair and misery
And this very winter to go back no further
    I wasted in musing
over everything to do with death
readying myself like a cardsharp in prison
to tip chance my way
and then surprise the gamblers of the day
with this poem packed with marked cards
which says nothing and against which no response is possible
    and which isn't even a question
an ace of diamonds to crown a dirty house of cards
    a marked face one of those
you see on the waterfront they freeze your blood
and bring to mind the fatal word
a splendor quite different from light
mixed with frigid histories in which love calcinates
Finger exercises all winter long in the dark
so the feeling fingers can see these scraps
deplorable-looking things we drag along and the juggler's
idleness, the shamefaced
father, in short, of all poems:
vices of the word
I was in my judges' house. They were different now
    they did not recognize me
Somehow we grow old and we manage to do it,
    the way times are, with a certain dignity
Splendid types, but naturally right in line
Tube-gazers we listened to the chief I too was falling
    into a kind of trance
It won't be me that changes the world
This turns out easy to say, after all,
and of course, a humiliating confession
since I admire unbearable heroes and perhaps
    they've never been so eloquent
as in these days full of sound and fury
with no alternative but crime or violence
Let others please live on rhetoric,
ourselves we're absolutely bound to history
yet are not thunder nor do we divide the lightning

Algún día se sabrá
que hicimos nuestro oficio el más oscuro de todos
o que intentamos hacerlo
Algunos ejemplares de nuestra especie reducidos a unas
    cuantas señales
de lo que fue la vida en estos tiempos
darán que hablar en un lenguaje todavía inmanejable
Las profecías me asquean y no puedo decir más.

PORQUE ESCRIBI

Ahora que quizás, en un año de calma,
piense: la poesía me sirvió para esto:
no pude ser feliz, ello me fue negado,
pero escribí.

Escribí: fui la víctima
de la mendicidad y el orgullo mezclados
y ajusticié también a unos pocos lectores:
tendí la mano en puertas que nunca, nunca he visto;
una muchacha cayó, en otro mundo, a mis pies.

Pero escribí: tuve esta rara certeza,
la ilusión de tener el mundo entre las manos
—¡qué ilusión más perfecta! como un cristo barroco
con toda su crueldad innecesaria—
Escribí, mi escritura fue como la maleza
de flores ácimas pero flores en fin,
el pan de cada día de las tierras eriazas:
una caparazón de espinas y raíces.

De la vida tomé todas estas palabras
como un niño oropel, guijarros junto al río:
las cosas de una magia, perfectamente inútiles
pero que siempre vuelven a renovar su encanto.

Someday people will know
we did our duty the obscurest of them all
      or we tried to do it
A few examples of our species reduced to so many traces
      of what life was like in these times
will cause a hubbub in a still-unmanageable language
Prophecies disgust me and I can say no more.

[J.F.]

BECAUSE I WROTE

Well maybe in a quiet year
I'll think, Here's what poetry did for me:
kept me from being happy, that much was denied me,
but I wrote.

I wrote, was a poor kind
of beggar boggled with pride,
and also put a few readers to death,
reached my hand into doors I've never seen,
a girl, in another world, dropped at my feet.

But I wrote. I had that rare assurance,
the illusion you've got the world in your hands—
what a perfect illusion! like a baroque christ
with all its needless cruelty.
I wrote, my writing was like the rot
on wilted flowers but flowers after all,
daily bread from the barren soil,
a shell of thorns and roots.

I took all these words from life
like a child after tinsel, pebbles by the river—
things with a magic to them, completely useless
but they always manage to renew their charm.

La especie de locura con que vuela un anciano
detrás de las palomas imitándolas
me fue dada en lugar de servir para algo.
Me condené escribiendo a que todos dudaran
de mi existencia real,
(días de mi escritura, solar del extranjero).
Todos las que sirvieron y los que fueron servidos
digo que pasarán porque escribí
y hacerlo significa trabajar con la muerte
codo a codo, robarle unos cuantos secretos.
En su origen el río es una veta de agua
—allí, por un momento, siquiera, en esa altura—
luego, al final, un mar que nadie ve
de los que están braceándose la vida.
Porque escribí fui un odio vergonzante,
pero el mar forma parte de mi escritura misma:
línea de la rompiente en que un verso se espuma
yo puedo reiterar la poesía.

Estuve enfermo, sin lugar a dudas
y no sólo de insomnio,
también de ideas fijas que me hicieron leer
con obscena atención a unos cuantos sicólogos,
pero escribí y el crimen fue menor,
lo pagué verso a verso hasta escribirlo,
porque de la palabra que se ajusta al abismo
surge un poco de oscura inteligencia
y a esa luz muchos monstruos no son ajusticiados.

Porque escribí no estuve en casa del verdugo
ni me dejé llevar por el amor a Dios
ni acepté que los hombres fueran dioses
ni me hice desear como escribiente
ni la pobreza me pareció atroz
ni el poder una cosa deseable
ni me lavé ni me ensucié las manos
ni fueron vírgenes mis mejores amigas
ni tuve como amigo a un fariseo

The kind of madness that makes an old man
trail along mimicking pigeons
was what I got instead of being good for something.
Writing brought it on me, everyone doubted
my real existence,
(days of my writing, the stranger's home).
Those who were useful and those who did the using
I say they'll all die off because I wrote,
and doing that means working shoulder to shoulder
with Death, stealing a few of her secrets.
At first the river is a vein of water,
at least for a moment there at that height,
then it ends in an ocean no one notices
who's churning his way through life.
Because I wrote I was an abomination
but the sea forms part of my writing itself
line of surf where a verse breaks into foam
I can make poems over and over again.

I was sick, no doubt about it,
and not just from insomnia,
also from fixed ideas that made me read
a good few psychologists with obscene care,
but I wrote and the crime got less,
line by line I paid till it was written,
because words that fit in the abyss
give off a bit of dark intelligence
and by that light many a monster's life is spared.

Because I wrote I never helped the hangman
or gave way to loving God
or stood for men as gods
or ran for favorite scribbler
or found poverty disgusting
or power desirable
or washed or dirtied up my hands
or had virgin girlfriends
or pharisees for pals

ni a pesar de la cólera
quise desbaratar a mi enemigo.

Pero escribí y me muero por mi cuenta,
porque escribí porque escribí estoy vivo

or in spite of anger
tried to break my enemy.

But I wrote and I'm dying on my own,
because I wrote because I wrote I'm alive

[J.F.]

from *Album de toda especie de poemas*
Album of All Kinds of Poems
(1972)

JAGUAR

Por las espléndidas carreteras nacionales que son
        al mismo tiempo cementerios de automóviles
ella nunca soñaría conmigo a pesar de tantos kilómetros
        como teníamos en común,
pero pensaba en un Jaguar con esa lucidez cercana
        a la rapacidad,
en velocidades extraordinarias y muelles como placentas.

Las catedrales góticas eran islas de lujo, nada en
        comparación
con las ruedas de seda y la carrocería comparable a
        una maja desnuda.
Nada era superior al placer de llegar
a un castillo en la Costa Azul, desconectando,
        poco a poco, el ronroneo de la fiera,
sus ojos que parecerían velarse soñadoramente después
        de una cena exquisita esos paisajes provenzales
inolvidables como ciento cincuenta kilómetros por hora.

Podían incluirme en su divagación, la otra
        vivía con un pintor sin talento
lo suficientemente joven como para merecer una pensión;
yo observaba, cabizbajo, su perfil inconmovible
su perfil de Jaguar a fuerza de pensarlo, esa
        frialdad aerodinámica que irradiaba a medida que
        nos acercábamos velozmente al desenlace,
en un cierto sentido sangriento para mí pues estaba
        entre sus garras

JAGUAR

On the splendid national highways that are
    at the same time graveyards for cars
she would never dream of me in spite of all the miles
    we had shared,
but her mind, with that clarity verging on greed,
    was on a Jaguar
on incredible speeds and suspension systems like placentas.

Gothic cathedrals were luxury islands, nothing in
    comparison
with the silk wheels and the chassis like a naked maja.
Nothing could beat the pleasure of coming
to a castle on the Riviera, switching off,
    bit by bit, the purring of the beast,
her eyes on the verge of dreamily misting over after
    an exquisite dinner those southern landscapes
unforgettable as a hundred miles per hour.

They could include me in their drifting, the other woman
    was living with an untalented painter
young enough to deserve a pension;
my head lowered, I was watching her inexorable profile
her Jaguar features just by thinking about it, that
    aerodynamic coldness she radiated as we rushed
    to the climax,
in a certain way a bloody one for me since she had me
    in her claws

esas grandes manos de veras elegantes eficaces
        enguantadas de verde por las que el volante parecía
        teledirigido
mientras ellas posaban para un cartel de la Esso.
No era tanto una mujer cuanto el modelo de la mujer
        Jaguar mil novecientos cincuenta y pico,
hacía por lo menos ocho años que había pasado de moda
        se tratara o no para mí del último modelo,
y eso la inclinaba al sado-masoquismo y a apretar
        el acelerador en la proximidad de las curvas.

En París por el momento escaseaban los Jaguares.
Luego supe que en otra época su prodigalidad excesiva—
        un problema, es claro, de nervios en tensión—
por razones que le reprochaba a su octavo marido
contribuía ahora a esa escasez.
Entonces fui yo el príncipe consorte, porque ante todo
        una mujer que se respeta a sí misma
nunca pasa el verano enteramente sola.
Nos conocimos en el Deux Magots previa una rápida
        conversación telefónica y heme aquí volando hacia
        una última parodia del amor
bajo la protección de una vieja Venus sueca que
        se asoleara desnuda, cansada de nacer
sus enormidades pecosas desparramadas en una silla de playa
abstraída en la lectura del marqués de Sade.
De preferencia en Cannes, el paraíso del Jaguar.

Qué estúpido fui qué falta de práctica en los
        desplazamientos felinos;
en mi lugar un sudamericano típico, de esos que
        sobreviven ferozmente en el Boulevard Saint Michel
        habría hecho maravillas,
ante todo calculado a ojo de jaguar
qué rampante velocidad imprimir a esa aventura,
        la resistencia de sus materiales
el momento exacto en que abandonar una garra en su regazo
        o de llevarla a la billetera vacía.
Yo en cambio pagué un exceso de pequeñas cuentas y deseché
        la oportunidad de acostarme con sus amigas,

those truly elegant huge hands, efficient in green
  gloves, in which the wheel seemed steered
  by remote control
while they posed for an Esso poster.
She wasn't a woman so much as the model of a Jaguar
  woman nineteen-fifty-something,
she was at least eight years out of style even if she
  was or wasn't the latest thing for me,
and that made her lean toward sadomasochism and
  to step on the gas approaching curves.

At the moment Jaguars were scarce in Paris.
Soon I found out that in the past her extreme generosity—
  a problem, of course, of nervous tension—
for reasons she blamed on her eighth husband
now contributed to that shortage.
So I became the prince consort, after all, any woman
  who respects herself
never spends a summer all alone.
We met in the Deux Magots after a short phone call and
  here I am heading straight for one last parody of love
under the wing of an old Venus from Sweden who
  sunbathes in the nude, tired of being born
her huge freckled body spilling over a beach chair
absorbed in a book by the Marquis de Sade.
By choice in Cannes, the Jaguar's paradise.

How stupid I was what a lack of experience in feline
  moves;
in my place a typical South American, one of those men
  ferociously surviving on Boulevard St. Michel would
  have worked marvels,
all calculated with a jaguar's eye
what a whirling speed to put into that adventure,
  the resistance of its materials
just when to drop a claw on her lap or to bring it
  to the empty wallet.
Instead I took care of too many small bills and I threw
  away the chance to sleep with her girlfriends,

disfruté demasiado del paisaje y de sus connotaciones
    históricas,
no fui romántico sino sentimental, y, viniera o no
    al caso, excesivamente sombrío,
y en el castillo habría hecho, de veras, un papelón.

ALBUM

Otro es el que manipula nuestros actos
cuando ellos nos empujan a la derrota, un tahúr
en cuyas manos somos una carta marcada,
la última y el miedo y el recuerdo de un crimen

Pero ni aun siquiera el personaje
de una vieja novela de aventuras:
los juegos del azar son todavía juegos
y la violencia, en cualquier caso, redime

Quien nos reduce a sombras en la sala de juego
es una sombra él mismo menos libre que otras,
una condensación de absurdos personajes
algo como el horror de un álbum de familia.

LOS AGENTES DE LA CULPA

Los que buscan la culpa en el pajar
se convierten, de pronto, en sus agentes
en lugar de encontrarla, la transmiten
son congénitamente sospechosos.

I enjoyed the landscape and its historical connotations
    too much,
I wasn't romantic but sentimental, and, whether
    appropriate or not, I was much too gloomy,
and in the castle I really would have been a fool.

[D.U.]

ALBUM

Someone else is controlling our moves
when they drive us into defeat, a gambler
in whose hands we are a marked card,
the last one and the fear and memory of a crime

Yet not even the main character
of an old adventure novel:
games of chance still are games
and violence, in any case, pays off

Whoever reduces us to shadows in the gameroom
is a shadow himself less free than others,
a digest of absurd characters
something like the horror of a family album.

[J.C.]

AGENTS OF GUILT

Those looking in a haystack for guilt
suddenly turn into its agents
instead of finding it, they pass it on
they're inherently suspicious.

[J.C.]

ESTA ESPECIE DE MIEDO
TE PISA LOS TALONES

Esta especie de miedo te pisa los talones
en el camino de la que llamas tu casa
como si concluido el mismo diálogo
por el que existes, sólo
la culpa, en tu lugar, te contara los pasos.

Lejos, lejos hasta de tu propio dolor
como en los malos sueños
rehaces una y mil veces el camino que te aleja
cada vez un poco más de los tuyos.

EPOCA DEL SARCASMO

A Thiago de Mello

Época del sarcasmo
de los héroes que prefieren el anonimato al lirismo
Tiempo en que Latinoamérica da lástima y horror
La tragedia—vencidos sus viejos mecanismos—
prescinde por completo de las funciones de gala,
es, lisa y llanamente, una máquina de moler
carne de insurrecciones armadas, made in U.S.A.
Un excedente de la muerte industrial,
y "la célebre mutilada" en el papel de Hamlet
nada tiene que hacer en este gran escenario
donde el infierno se llena de radares electrónicos.

Época de cacerías y de carnicerías
Los caballeros vagamente ingleses
miramos a la muerte con el rabillo del ojo
Nuestros amigos del trópico regresan a la selva
sin detenerse ante la inmolación general

THIS KIND OF FEAR
IS AT YOUR HEELS

This kind of fear is at your heels
along the way to what you call your home
as if the very dialogue by which you exist
had finished, and only
guilt, instead of you, were counting your steps.

Far, far away even from your own grief
as in nightmares
you remake at least a thousand times the way taking you
    a little farther from your family each time.

                                   [J.C.]

AGE OF SARCASM

To Thiago de Mello

Age of Sarcasm
of heroes who prefer obscurity to lyricism
An Era when Latin America moves us to pity and horror
Tragedy—its old gears worn out—
does away with its formalities altogether,
it is, plain and simple, a machine for grinding up
the heart of armed uprisings, made in U.S.A.
The surplus of industrial destruction,
and "the famous crippled one" in Hamlet's role
has no place in this great stage
where hell gets jammed with electronic signals.

Time for hunts and slaughters
With the faint airs of English gentlemen
we look at death out of the corner of our eyes
Our friends from the tropics go back to the jungle
walking right past the general holocaust

Cómo quisiéramos cambiar este disco
el acento intrincado con que nos dicen adiós,
la rueda de la historia erizada de cuchillos
Sí, entre "los bueyes que pastan en las parderas chilenas"
yo detesto, como ellos, la pintura medieval:
estos apocalipsis que se nos vienen encima
con todos sus jinetes condecorados en Washington
Pero los muertos ya no descansan en paz,
y en el claustro se aprenden sólo oficios indignos.

Época en que la poesía o se escribe con sangre
o pasa al polvo antes de convertirse en él
En las estanterías los libros están crudos,
ni los ratones quieren roernos el pellejo
se alimentan más bien de los campos de batalla
Los Olímpicos pasaron estrictamente de moda:
o se escribe con sangre o se escribe con polvo;
pero nadie quiere escuchar un trozo de bravura,
el puro virtuosismo de un Júpiter Tonante
que, luego de quitarse la faja de batalla,
se siente, entre otras vacas sagradas, al Banquete
Tiempo en que los hipódromos permanecen cerrados,
de mitos eficaces no de estatuaria griega,
del trueque contra el dólar del robo y la limosna,
y de un nuevo rigor en el oficio literario.

Ni la Alquimia del Verbo ni el Periodismo Objetivo
Ni la teleología ni los manuales de marxismo
Ni las cartas del Tarot ni el sicoanálisis clásico
Ni la misa solemne ni los mensajes al congreso
Las ciencias del espíritu
los poemas de amor la manipulación estadística
todo eso suena a hueco por igual,
y la campana misma que toca a rebato,
el clarín de batalla podría confundirnos
Donde menos se piensa salta una nota falsa.

Tiempo de ver y de tocar a la verdad con las manos
como se acude a los primeros auxilios

How we'd like to put on another record
change the false tone of their good-bys,
the wheel of history bristling with knives
Yes, as one of the "oxen grazing in Chilean pastures,"
I, like them, detest medieval art:
these apocalypses that sweep down on us
with all their horsemen decorated in Washington
But the dead no longer rest in peace
and in the monastery you just learn worthless trades.

Age in which poetry is either written in blood
or is covered with dust before turning into dust
The books are untouched on the shelves,
not even mice want to gnaw on our skin
they're better fed out in the battlefields
The Olympians went right out of style:
it is written in blood or written in dust;
but nobody wants to hear a passage about courage
the pure virtuosity of a Thundering Jupiter
who, after taking off his fighting belt,
sits down, among other sacred cows, at the Banquet
Age in which the Hippodromes stay closed,
of working myths, not of Greek statues,
of trading against the dollar of theft and handouts,
and of a new precision in the craft of writing.

Not the Alchemy of the Word nor Objective Journalism
Not teleology nor Marxist handbooks
Not even Tarot cards nor classical psychoanalysis
Not a solemn Mass nor addresses to Congress
The sciences of the spirit
love poems the juggling of statistics
they all sound equally hollow,
and even the bell that calls us to arms,
the bugle trumpeting war could confuse us
Where you least expect it a wrong note blurts out.

Age of seeing and touching truth with our hands
as one resorts to first aid

La agonía es general y por causas precisas
Pasó la edad de consultar al oráculo
o de escuchar en religioso silencio
al filósofo alemán de paso en Buenos Aires
a la dama francesa ducha en ruinas aztecas
o al Círculo de Amigos de la India
Un saber que se ajuste como el tigre a su presa
al mal o somos pasto de la palabrería,
restos de España hundidos en el Siglo de Oro,
criollos, indios tristes, seres de otro planeta
Tiempos de inteligentes operaciones de urgencia
en que paciente y médico son de la misma sangre
y una mano que tiemble es criminal.

Nuestras heridas pozos petrolíferos
Nuestros tumores empresas norteamericanas
nuestras drogas: el miedo y los empréstitos
Nuestros héroes anticuerpos asesinados a mansalva
Nuestras esperanzas estos dolores de la muerte o del parto
Nuestra madre esta tierra preñada de dolores
desgarrada por el gangster y su sadismo metódico
y por quienes entre sus hijos sucumbieron
a la perversidad en los caminos del Norte
o simplemente a nada en la Tierra de Nadie.

Época de agarrar a la Bestia por las astas
o de morir clavados en la sombra de un cuerno
Los ironistas no estamos completamente demás
faroles chinos, música de cámara
todo esto debe entrar también en la masacre
o sobrevivir al minotauro de hierro
que afila sus pezuñas en la mampostería
y recuerda en Picasso a todos los Guernicas
Tiempo de Auschwitz que le humea en el hocico
ojos iluminados por el napalm interior
y por el napalm exterior con que babosea a Vietnam,
lengua surgida de todos los infiernos:
Imperialismo Noretamericano.

There's widespread agony and clear reasons for it
Gone is the age for consulting the oracle
or listening in a religious silence
to the German philosopher passing through Buenos Aires
to the French lady who's an expert on Aztec ruins
or to the Circle of Friends of India
A know-how that can adapt like a tiger to its prey
to evil or we are the food of endless chatter,
Spain's leftovers sunk in the Golden Age,
creoles, sad Indians, beings from another planet
Times of urgent and brilliant operations
in which patient and doctor are of the same blood
and a trembling hand is criminal.

Our wounds oil wells
Our tumors North American businesses
our drugs: fear and foreign loans
Our heroes antibodies stabbed in the back
Our hopes these pains of death or childbirth
Our mother this earth pregnant with pain
ripped apart by the gangster and his methodical sadism
because of them some of her children gave in
to the corruption on the roads of the North
or simply to nothing in No Man's Land.

Time for grabbing the Beast by its horns
or for dying nailed in the shadow of a horn
We ironists are not totally useless
Chinese lanterns, chamber music
all this should also be part of the massacre
or outliving the iron minotaur
who sharpens his hooves in the rubble
and remembers in Picasso all the Guernicas
Age of Auschwitz smolders in its snout
eyes lit up by the napalm inside
and by the napalm outside it uses to drool slime on Vietnam,
tongue springing out of every hell:
U.S. Imperialism.

[D.U.]

POESIA QUE DICES

Poesía qué dices.
Hace tres meses que no escribo un verso hace
     años y años que no hago el amor
en la estricta acepción de la palabra.
Mis sueños me destrozan el corazón del sueño,
mientras el sol se lava los dientes y se visten
de personas las sombras de la casa.
Vergüenza tú qué dices poesía qué esperas. Ah
     mierda un Ay o un Oh ¿terminarás en eso,
encamada con un muerto gesticulante?
Dirán: faltaba verlo pararse en una mesa
al pequeño retórico podrido. Ahora lo tenemos.
Su poesía trabaja para él en una fuente de soda.

Tres meses que te bastan en lo que a toda una
     vida de Oh y Ay se refiere,
y es el verano por así decirlo y harías mejor en
     arrojar tu flauta a los burros
y en el siglo dieciocho el menos inspirado de los
     filósofos hizo el balance de tu poesía:
"Montón de lodo agitado por la casualidad."

¿De dónde, dime, extraerás el aliento para mezclarlo
     al que agita ese montón de lodo?
Piensa más bien en lo gracioso que resulta la
     pretensión de transformar el mundo.
Muérete de la risa: alguien dijo una vez: "El poeta
     es un pequeño Dios."
Un pequeño Dios . . . espera, espera. Con un poco
     de suerte no digamos que ésta te vuelva a sonreír
pero puede reírse cordialmente en tu cara.
Todavía tienes que cruzar otra noche quizá encuentres
     el resto de una barca
en la persona de alguna de tus antiguas amigas;
eres el favorito de las abandonadas, a los treinta
     y seis años ocupas tu lugar
entre los emigrantes de la tierra de nadie.

POETRY SPEAK UP

Poetry speak up.
It's been three months since I've written a line it's been
    ages since I've made love
in the strict sense of the word.
My own dreams wreck the heart of my sleep
while the sun brushes its teeth and the shadows
in the house get dressed like people.
Shame on you poetry speak up what are you waiting for. Ah
    shit—an Ay or an Oh—will you end up like that,
in bed with a gesturing corpse?
They'll say: all we needed was to see him get up on a table
the rotten little word-master. Now we've got him.
His poetry works for him in a coffee shop.

For you three months are enough, as far as a whole life of
    Oh and Ay is concerned,
and it's summer, so to speak, and you would be better off
    pitching your flute to jackasses
and the least inspired philosopher in the eighteenth century
    figured out the balance of your poetry:
"A big pile of muck stirred by chance."

Tell me, where will you draw out the breath to mix with the
    breath stirring up that big pile?
Better yet, think how silly it is to pretend you can change
    the world.
Laugh yourself to death: somebody once said: "The poet is a
    little God."
A little God . . . wait, wait. With any luck at all maybe luck
    won't smile on you again
though it may laugh politely in your face.
You still have to cross another night perhaps you will find
    the wreckage of a boat
in the company of one of your old girlfriends;
you are the favorite with these lone women, at thity-six you
    are in place
among emigrants from no man's land.

[J.C.]

CUBA, 1969

Hace diez años tomábamos el sol en Isla Negra
y nada daba señales de nada, tampoco esa mañana
    en que el mar se enfureció
hasta que olieron a podrido las olas
fue, por así decirlo, un signo de los tiempos, dueños
    de un mundo a la medida de nuestras
    pequeñas historias
preferíamos el bar como lugar de reunión y ese
    espectáculo desembocó en el acto
en una charla delirante sobre toda clase de monstruos.
La Historia, en cambio, nos había adelantado esa
    mañana
únicamente la hora de nuestros aperitivos
para ser más exactos, en esos días
—y estábamos incluso informados de ello—La
    Flor del Trópico era bautizada de nuevo
a sangre y fuego como es lo normal en estos casos.
Pero las noticias atrasadas pecaban alegremente
    de la ambigüedad necesaria
como para despertar entusiasmos irreconciliables,
    de manera que nosotros
no supimos que esos eran los días de nuestra declinación
y que ya éramos un grupo de viejos en un verano
    ruinoso
y no supimos que en vez de transfigurar el mundo
    simplemente lo que estábamos haciendo
eran buenos recuerdos en el estilo de otra época.

PIES QUE DEJE EN PARIS

Pies que dejé en París a fuerza de vagar
religiosamente por esas calles sombrías
La ciudad me decía no eres nada

CUBA, 1969

Ten years ago we were sunbathing on Isla Negra
and nothing showed signs of anything, not even that morning
    when the sea grew stormy
till the waves smelled of rot
was, so to speak, a sign of the times, masters of a world
    the size of our little stories
we decided on a bar as a place to get together and that scene
    right away spilled over
into wild small talk about all kinds of monsters.
In turn, all that History did that morning was move up our
    cocktail hour,
to be more exact, during those days
—and we had even been informed about it—The Flower of the
    Tropics was baptized again
with blood and fire, which is normal in these cases.
But delayed reports were cheerfully ambiguous enough
to arouse irreconcilable hopes, as a result
we didn't know that those were the days of our decline
and that we already were a bunch of old fogeys off on a
    ruinous summer
and we didn't know that instead of changing the world all
    we were doing
just made for good memories in the style of another age.

                                   [J.C.]

FEET I LEFT IN PARIS

Feet I left in Paris after all that fervent
roving through the grimy streets
Around ten thousand corners

a cada vuelta de sus diez mil esquinas
y yo: eres bella, a media legua, hundiéndome
otro poco en el polvo deletéreo:
nieve a manera de retribución,
y en la boca un sabor a papas fritas

UNA NOTA ESTRIDENTE

La primavera se esfuerza por reiterar sus encantos
        como si nada hubiera sucedido
desde la última vez que los inventariaste
en el lenguaje de la juventud, retoñado de arcaísmos,
        cuando la poesía
era aun, en la viega casa del idioma, una maestra
        de escuela.
Y no hay cómo expulsar a los gorriones
de las ruinas del templo en que el sueño enjaulado,
león de circo pobre que atormentan las moscas
se da vueltas y vueltas rumiándose a sí mismo:
extranjero en los suburbios de Nápoles, arrojado
        allí por una ola de equívocos.
A esos cantos miserables debieras adaptar
estas palabras en que oscila tu historia
entre el silencio justo o el abundar en ellas
al modo de los pájaros: una nota estridente,
una sola: estoy vivo.

the city said You're nothing
and I, You're beautiful, at a mile off, as I sank
a bit deeper in the ruinous dust,
snow as a way of payment,
and a taste of French fries in my mouth

[J.F.]

A JARRING NOTE

Spring is straining to revive its charms as though nothing
    had happened
since the last time you made a list of them
in childhood lingo, asprout with archaisms, when poetry
was still a schoolmarm in the house of speech.
Now there's no way to drive the sparrows
from the temple ruins where a caged-up dream,
a shabby circus lion plagued with flies,
pads back and forth, musing to itself:
stranded in some suburb of Naples, flung there on a wave
    of mistakes.
For your wretched rhymes you should have tuned these
words that keep your story seesawing
between a proper silence and flock of swelling
birdsong. One jarring note,
just one: I am alive.

[J.F.]

from *La Estación de los Desamparados*
The Station of the Helpless Ones
(1973)

FRAGMENTOS

El monstruo emerge al atardecer
del pozo en que lo hundimos cada día
y empieza a mezclar su respiración con la nuestra.
Da sus primeros pasos en el traspatio, y sin ruido,
como si al celador se le cayera un manojo de llaves
o alguien tropezara con alguno de los cubos.

Esta sombra que cruza por mi frente
es sólo una vieja pero muy vieja metáfora,
y tú sonríes en otro país a un extraño:
señal de que he caído en mi obsesión.
Cada quien lucha a su manera contra las distintas formas del miedo
pero Vandré prefiere publicitar su locura
con un escándalo en el hotel.
Otros creemos pasar inadvertidos, sólo que para mi oído
    acostumbrado a ello
el primer síntoma de la transformación es claro como la luz.

Ante la propia presencia amenazante y anónima
se tiende a desertar de las palabras.
Algo más que desolados
nos allanamos a la autoagresión.
Llegaríamos a envidiar cualquier acto de violencia
cuando así toma el diálogo
la forma del vacío que aparentaba llenar.

No puedo decirlo: pienso en ti.
Te trasciende el miedo al abandono

FRAGMENTS

The monster comes up in the evening
from the deep in which we sink it each day
and starts to mix its breathing with ours.
It takes its first steps in the courtyard, and without a sound,
as if a handful of keys might drop from the watchman
or someone might trip over one of the pails.

This shadow crossing my forehead
is just an old but very old metaphor,
and you smile at a stranger in another country:
proof that I've given in to my obsession.
Everyone fights in his own way against different types of fear
but Vandré chooses to publicize his madness
with a scandal in the hotel.
We believe we pass unnoticed, except that since my hearing
        has gotten used to it
the first sign of the transformation is clear as light.

Facing that menacing and unnamed presence
one tends to run away from words.
Something more than feeling all alone
we fall into self-aggression.
We would come to envy any act of violence
when the dialogue takes on like this
the shape of the emptiness that it seemed to fill.

I can't say it: I think of you.
The fear of being left and pangs of jealousy

y los celos punzantes
ni puedo emplearte como el inválido pretexto
que me empuja al encuentro con eso en el traspatio
al horror de semejante identidad.
Sólo me valgo de ti como de mis propias palabras
para ordenar otra cosa de lo que estoy escribiendo
y que esas palabras no descifrarán
y así ocurría en cualquier caso
o más aún si confesara tu nombre.

La noche se llama y no se llama Paulina.
Es de una soledad virtualmente desenfrenada.
En el Hotel Columbus un loco furioso ha preferido dormir
después de alarmarnos a todos,
pero yo vuelvo a mi oficio y afronto visiones que también
      me tormentan.

Bajo una apariencia razonable
me retiré a mis habitaciones privadas:
en rigor una celda del viejo manicomio donde no sólo se aúlla
porque encontraré esta manera de hacerlo.
Se trata de una parte de lo que no podría
decir si escribiera con una falsa sencillez:
pienso en ti pienso en ti pienso en ti.

Hotel Columbus, punto neutro de una reunión imperdurable,
la que nos permite contar los días como si fueran años
y que a la larga nadie llegara a recordar.
El mañana no existe:
pasado y futuro se han invertido, el mañana
será alguna de las otras escenas agolpadas en mi memoria.
Entretanto el Perú linda en la decepción: así lo veo
rápido, rápido en el espejo retrovisor.

Cada noche que llega trae otro poco más
de una historia inconclusa
que quisiera llegar a su fin.

are greater than you
nor can I use you as the bad excuse
forcing me to encounter that thing in the courtyard
to the horror of such identity.
I only make use of you as of my own words
to organize something other than what I'm writing about
and which words won't make clear
and so it used to happen in any case
or still more if I were to confess your name.

The night's name is and isn't Paulina.
It's made of a loneliness virtually out of control.
At the Columbus Hotel a raving madman has chosen to go to sleep
after frightening us all,
but I return to my job and face visions that also torment me.

With the proper decorum
I retired to my private rooms:
actually a cell in the old madhouse where not only howling
     goes on
because I'll find this way of doing it.
It's partly about something I couldn't say
if I were to write with a fake simplicity:
I think of you I think of you I think of you.

Columbus Hotel, the neutral ground for a short-lived gathering,
one that lets us count days as if they were years
and that in the long run nobody would remember.
Tomorrow doesn't exist:
past and future have been switched around, Tomorrow
will be one of many crowded scenes in my memory.
Meantime Peru borders on disappointment: that's how I see it
fast, fast in the rearview mirror.

———————————————————

Each new night brings a little bit more
of an unfinished story
that might wish to reach its end.

Nuestra fotografía se resuelve en mi cansancio de mirarla
y su respuesta es el silencio de la noche de Lima
en la Estación de los Desamparados.

El pueblo adoptará sus propias decisiones.
Nunca he creído—le contestaron—en la espontaneidad de las masas.
Por el contrario—dijo—sin esa espontaneidad estaríamos perdidos.
¿Cómo dice?—le dijerón—. ¿Cómo dice? Aló, aló, aló.
Nada. Corte—terció una voz desconocida—. Su teléfono está malo.

Por mi cuerpo seré juzgado
y condenado a la soledad.
El alma se despide del cuerpo para siempre
en la Estación Desamparados.

Estación de los Desamparados: aquí tendrían que llegar
los migrantes de la sierra arrojados a Lima.
Pero con seguridad avanzan penosamente hacia ella
en la dirección de estos cerros hambrientos
donde acampa el ejército de los que mueren y mueren
antes de la batalla
de los que viven y viven antes de la batalla.

Para ningún destinatario
sin la esperanza ni el propósito de influir sobre el curso de las cosas
el poema es un rito solitario
relacionado en lo esencial con la muerte.

Fornicaban entre ellos y en otras de sus largas horas de ocio
desgranaban la espina dorsal de sus mayores

The fatigue of my looking at it makes our photograph clear
and its reply is the silence of a night in Lima
at the Station of the Helpless Ones.

The nation will make her own decisions.
I have never believed—they answered—in the spontaneity
    of the masses.
On the contrary—someone said—without that spontaneity we
    would be lost.
What are you saying?—they said—What are you saying?
    Hello, hello, hello.
Nothing. Hang up—an unfamiliar voice broke in. Your phone
    is out of order.

I will be judged by my body
and condemned to loneliness.
The soul says good-by to the body for good
at Helpless Station.

Station of the Helpless Ones: the migrants from the sierra
flung to Lima would have to come here.
But determined they advance painfully toward this place
in the direction of these hungry hills
where the army of those who die and die
camps before the battle,
of those who live and live before the battle.

For no one in particular
with no hope or purpose of influencing the course of things
the poem is a solitary rite
related in what's essential, to death.

They were fornicating among themselves and during their long
    leisure hours
they thrashed the spine of their elders

transformando las vértebras en estrellas y rosas.
El ornamento de sus catacumbas
es muy claro al respecto:
la procesión iba por fuera y por dentro.

Se insinúa con una voz de falsete
la existencia en el convento de grandes monjas reclusas.
Ellas alcanzaron a los dos metros noventa.
Así creciendo por lo bajo, creciendo
en su capullo de fuerza a la manera de larvas
privadas de la luz y de las alas.

Usted puede observar a la Virgen del Tránsito
muy milagrosa patrona de los choferes:
todos sus miembros son articulados.

El miedo a las mujeres
fue el móvil de su crimen.
Los persiguió de por vida
bajo la especie de una insufrible inagotable nostalgia.

Rápido por favor
Ahoritita no más apagan las luces.
Las catacumbas datan del siglo XVI
Andas en pan de oro
Un santo mártir por cada columna
Tenemos aquí al Fundador de la Orden
Le tomaron esta fotografía cuando lo sacaron de la tumba
Esta es un alcancía
El Convento no recibe subvención del Estado
Más rápido más rápido a nos quedamos a oscuras.

———————————————

No me provoca ir a Macchu Picchu.
Apuraré mi regreso
pero igual estarás a mil años de distancia
y tú serás mi ruina.
Fue así como llegué
                    a envidiar
                              a los muertos.

turning vertebrae into stars and roses.
The ornament on their catacombs
is very clear about the matter:
the procession went inside and out.

A falsetto voice implies
the existence of big nuns confined in the convent.
They reached over nine feet.
Thus growing unseen, growing
in their tough cocoon as larvae
deprived of light and wings.

You can see the Virgin of the Assumption
a very miraculous patron of drivers:
all her limbs are jointed.

Fear of women
was the motive of their crime.
It chased them for life
under the pretext of an unbearable nostalgia that doesn't let up.

Hurry please
In just a second they'll put out the lights.
The catacombs date from the 16th century
Bier in gold leaf
A holy martyr for each pillar
Here we have the Founder of the Order
They took this photograph when they removed him from his tomb
This is a collection box
The Convent doesn't receive aid from the State
Hurry up hurry up or we'll be left in the dark.

I'm not tempted to go to Macchu Picchu.
I will rush back
but likewise you will be a thousand years off
and you'll be my ruin.
That's how I came
                    to envy
                            the dead.

En las cosas se escribe nuestra historia,
en ciertas personas que tratan de explicárselo
por respeto al absurdo,
en los rincones más lejanos de esta ciudad y, por simple extensión
en la ciudad vecina.
Hay paisajes enteros del lado de la costa
donde el propio mar se limita a escandir
más acá del lenguaje un diálogo de sordos.
Las persistentes señales de una misma obsesión rompen a hablar
　　　marcando expresiones como éstas:
tránsito suspendido, de un dolor sin nombre
propio y que repite el tuyo
incapaz de otra causa.
Como en una película muda
nuestras caras se eclipsan mutuamente en el cielo
un pobre viejo símbolo de la separación.

Las cosas son las dueñas de su propio sentido que en circunstancias
　　　normales
las rodea en silencio, pero ninguna escapa
a las inflexiones de la escritura de un loco.

En resumidas cuentas, todo habla de ti
por boca de una inmensa metáfora
que se confunde con todo.

En la gran casa en sombras
paso una noche última como todas las otras.
Ocurre en un lugar llamado Chaclacayo,
al pie de unos cerros que parecen artificiales
por su excesiva aridez que algo me anuncia.

A una distancia igual de este mundo y del otro
el pasajero se desnuda sometiéndose a todas las humillaciones de
　　　la espera
a un invisible torturador que se disocia de él
como una sombra de otra al menor movimiento.

Our story is written in things,
in certain people who try to explain it to themselves
out of respect for absurdity,
in the most remote corners of this city and, one step further
in the neighboring city.
There are whole landscapes by the coast
where even the sea limits itself to scan
closer to language a dialogue among the deaf.
The persistent signs of the same obsession burst out
    talking with such expressions as these:
traffic jam, from a pain with no name
of its own and that repeats yours
incapable of another cause.
As in a silent movie
our faces eclipse each other in the sky
a poor old symbol of separation.

Things are masters of their own meaning which in normal
    circumstances
surrounds them in silence, but none escapes
the inflections of a madman's writings.

In short, everything talks of you
through the mouth of a huge metaphor
that gets mixed up with everything.

In the big house in shadows
I spend one last night like all the rest.
It happens in a place called Chaclacayo,
at the foot of some hills that look man-made
because they're much too barren which tells me something.

At an equal distance from this world and the other
the passenger undresses submitting to all the humiliations
    of waiting
for an invisible torturer who breaks off from him
like one shadow from another at the slightest movement.

"El abuso de la bebida puede serle muy perjudicial: siga
    un régimen."

En cuanto a la chispa de la razón
no puede nada contra tanto fantasma enquistado en mí
y carezco de fe.

Así todo problema insoluble, por cualquiera
que sea toma automáticamente el camino de la poesía
que no lo resolverá, para empatar el tiempo.

Ningún remedio: escribir y cifrar
una esperanza absurda en la miseria del horóscopo:
"El sentimiento te doblegará pero hará feliz tu vida.
Procura ser honesto."

_____

Bueno—dijo el más cercano de los pasajeros—el avión está dando
    una vuelta olímpica
Ya debiéramos haber aterrizado
La temperatura es ideal y el cielo está a lo sumo demasiado
    luminoso.

Nadie entiende por qué volamos a Buenos Aires.
Señores pasajeros—intervino la voz en el parlante—
pueden levantarse de sus asientos,
establecer entre ustedes un contacto más íntimo
Nos volveremos a ver en el cielo.

Lima, Verano de 1972

"Drinking too much can be very harmful to you: stick to a diet."

As for a spark of reason
it can't do a thing against such a ghost stuck inside me
and I lack faith.

Thus every unsolvable problem, no matter which
automatically takes the road to poetry
that won't solve it, to kill time.

There's no way out: to write and place
an absurd hope on the trifle of the horoscope:
"Feelings will overwhelm you but they will make your life happy.
Try to be honest."

Good—said the nearest passenger—the plane is circling
We should have landed by now
The weather is perfect and at most the sky is too bright.

No one understands why we're flying to Buenos Aires.
Ladies and gentlemen—the voice on the speaker cut in—
you can get up from your seats,
socialize and get better acquainted among yourselves
We shall see each other again in the sky.

Lima, Summer 1972
[J.C.]

135

from *París, situación irregular*
Paris, Irregular Situation
(1977)

BRISA MARINA

Somos los agredidos de una vieja agresión
permanezcamos tranquilos o de lo contrario la ira
acumulada largamente se desquitará de nosotros.
El odio sin objeto puede tener esta cara
la de un jubilado absorbido en los trabajos de la jardinería
a la sombra de su esposa en una casa vacía.
Ese individuo puede desdoblarse
y reaparecer en otro sitio, de noche, en una compañía más
    que dudosa
cerca del lugar de cualquier crimen, asistir circunspecto
a una boda clandestina entre traficantes de drogas.
No le pisemos la cola al viejo perro dormido,
que bajo la piel rala y polvorienta se eriza en sueños de masacre
allá bajo la nieve impura de Transilvania.
Guardemos para el invierno
los mejores recursos de la buena educación
digamos en primavera que las mariposas que los árboles
y llegado el verano ojalá sea más fácil
obtener los dividendos de una conducta mediocre,
pues entonces cederemos fácilmente a la hipnosis
y el mar al sol, bajo un cielo que es de por sí la redención
empollará meciéndolos nuestros mejores deseos.
Ser la nada del no ser o ser la nada que somos; polvo e
    incluso polvo
que nunca en nada llegará a convertirse
y vivir en cierto modo de esa ausencia que se adelanta
constantemente al futuro porque somos esa ausencia.
Nada de todo eso puede resistirse

SEA BREEZE

We are the victims of an old aggression
let's stay calm otherwise rage
built up for a long time will turn on us.
Hate for no reason can wear this face
of a pensioner absorbed in chores of gardening
in the shadow of his wife in an empty house.
This person can split in two
and show up elsewhere, at night, in very shady company
near the scene of any crime, and warily attend
a secret wedding of drug dealers.
Let the old sleeping dog lie,
under his mangy and dusty coat he bristles in dreams of massacre
there beneath the stained snow in Transylvania.
Let us store for winter
the best resources of a good upbringing
in spring we'll say that butterflies that trees
and come summer perhaps it will be easier
to collect the dividends from a bland behavior,
so then we'll give in to hypnosis easily
and the sunlit sea, under a sky that is in itself salvation
will spawn and rock our fond desires.
To be sheer nothingness or to be the nothing that we are; dust and
        mere dust
that never will turn into anything
and somehow to live on the absence that constantly
moves toward the future because we are that absence.
Nothing of all this can resist

a la brisa marina y a la imposible enumeración
de las avecillas del mar que ruedan en el límite de la borla de
　　las olas
cuando ese mar pliega y repliega su manto sobre la arena
y ese sol que cada vez único vive del aura de sus días para
　　nosotros eterno
dice su hic y su nunc, blanqueándose en el reventón de las olas.
El horroroso viejo descuida sus instrumentos de tortura
y no al alcance de los niños (prudentemente invisibles),
en los meandros junto al mar de una casa campestre
la noche nos traerá, como su nombre lo indica, descanso
sueños inquietos quizá pero igualmente olvidadizos
incapaces de reconstruirse a la luz del día, entre las dunas.
Nos es dada, sí, esta módica aunque segura felicidad
la única que por su misma lentitud los deja atrás:
sin saberlo las furias nos persiguen en otro sitio
montan quizá su espectáculo en algún cercano balneario
donde el puerto las recibe entre unos brazos borrachos
sudor de unas máscaras que se impregnan de una sal polvorienta.
Algún ratón extraviado chilla a lo sumo, por un instante en el techo
bajo la garra de un gato solar.
Nuestra tranquilidad depende de tan poco,
pero por ese instante lo tan poco es más que suficiente
es lo excesivo, un imperioso aunque invisible ademán
y el viejo quien solo se parece a una divinidad
un Belzébuth de table d'hôte, se resigna a esperar
el tránsito hacia una estación menos benigna que facilite
　　sus manipulaciones.

El analista se apronta junto a su diván de trabajo.
El cura, si lo hubiera, practica la absolución
ante un espejo roto que multiplica su cara
los guardianes del Orden establecido, esperan
que alguna vez ese caos nos sea desfavorable.
Desde lo alto de cualquier jerarquía no ha dejado de hablar
el sujeto precario de la historia, una estatua de bulto
animada por la voracidad que impone su incoherencia,
ese aliento espeso es todo lo que del Verbo

the sea breeze and the boundless myriad
of seabirds wheeling at the edge of tasseled waves
while the sea folds its mantle over and over on the sand
and that sun, unique each time, lives on the aura of its days,
        eternal for us
saying its hic and nunc, going sheer white in the burst of
        the waves.
The horrible old man leaves his torture gear about
and out of reach of the kids (wisely invisible)
near the winding seaside paths of a country house
night, as its name suggests, will bring us rest
maybe unquiet dreams but just as forgetful
too hard to reconstruct in the daylight among the dunes.
Yes, we're given this simple yet secure happiness
the only one that leaves them behind by its own slowness:
unknowingly the furies chase us somewhere else
maybe they stage their act in some nearby resort
a harbor that takes them in with drunken arms
sweat of some masks that soak up dusty salt.
Some stray mouse squeaks at most, for a moment on the roof
in the claws of a sun-loving cat.
Our calm depends on so little
but for that moment so little's more than enough
it's far too much, an overbearing though invisible gesture
and that old man who only seems godlike but isn't
a table d'hôte Beelzebub, resigns himself to waiting
for passage toward a harsher season that will make his
        meddlings easier.

The analyst gets ready at his work couch.
The priest, if any, practices absolution
before a cracked mirror that multiplies his face
the guardians of established Order, hoping
that for once this chaos will do us harm.
From the top of any hierarchy history's shaky voice
is haranguing away, a full-sized statue
aroused by the greediness its incoherence imposes,
that thick breath is all of the Word

ha sobrevivido, desgarrándolo entre sus dientes carniceros
cien o doscientos años pasados en vano
engolfados en la introspección o en las palabras difíciles
para que la así llamada rueda de la fortuna girara
con la docilidad de un cordero en la piedra sacrificial.
En el interior del reino se sabe que éste no es de este mundo
por razones incluso ajenas a su voluntad.
Siempre ha ocurrido así por lo demás
no se trata de escepticismo sino de hechos
las palabras como siempre están de más ante ellos.
Nos hemos desdoblado en estas absurdas figuras o ellas
se han desdoblado en nosotros, para el caso es lo mismo.
Debiéramos haberlo previsto en realidad
pues de alguna manera también extraña se nos parecen
nos son internamente, externamente familiares.

Este no es más que el balance de algunos años de vida,
sobrellevada desde siempre en un exilio culpable
ni el cura ni el analista saben nada del verbo
es una cosa sorda muda y ciega que asume
sin ninguna responsabilidad todas nuestras deficiencias
propias o ajenas para el caso da lo mismo.

Al balcón del Vaticano el hombrecillo se asoma
para complacer el humor anglosajón
y dicta un curso absurdo de educación sexual.
Doctor, el Ello está en la base de todo
y como bien lo dijo usted, el turbio cómplice del mismo
se resuelve en los meandros de una palabra vacía
al azar de una inspiración fundada en su propria cháchara.
El verbo en cambio padece de una afasia permanente
es el mismo animal de hace cincuenta mil años
habiendo perdido por el camino cada una de sus formas.
Una nube empotrada deshaciéndose en el subsuelo
lo haría mucho mejor un sapo o una piedra
puesto que esto sí su actividad es frenética
sorda muda y ciega ni orientada ni desorientada
y la idea de lo absurdo todavía una idea
no dice nada de eso que podemos y no podemos imaginar
en conformidad a nuestros hábitos meramente humanos.

that has survived, ripping it apart with its carnivorous teeth
a century or two gone by for nothing
engulfed in introspection or abstruse words
to let the so-called wheel of fortune turn
meekly as a lamb on the sacrificial stone.
Inside the kingdom one knows it's not of this world
for reasons even beyond his control.
Besides things have always been like this
it's not a matter of skepticism but facts
alongside them words are superfluous.
We have split into these absurd characters or they
have split into us, it's the same either way.
Actually we should have foreseen it
since they resemble us in some strange way,
we know them inside and out.

This is only the balance of a few years of life,
endured from the start in a guilty exile
neither priest nor analyst know anything about the word
it's something deaf, dumb and blind that takes on
without feeling responsible all our faults
ours or others', it's the same either way.

The little man appears at the Vatican's balcony
to satisfy the Anglo-Saxon humor
and he gives an absurd lesson on sex.
Doctor, the Id is at the base of things
and as you said, its shady accomplice
works itself out in the windings of empty speech
on the chance of an inspiration based on its own chatter.
While the word suffers from permanent aphasia
the same beast as fifty thousand years ago
all its shapes lost along the way.
A cloud stuffed down under the soil to rot,
some toad or stone would go about it better
since for sure its activity is frenzied
deaf, dumb and blind neither on or off course
and the idea of the absurd still just an idea
says nothing of what we can or cannot imagine
conforming to our merely human habits.

Esta agresividad inexplícita, que nos asalta de pronto
a la vuelta de cualquier día, al margen de las estaciones
e incluso de frente a la brisa marina
un llamado transparente a los placeres más simples
e incluso bajo la especie no sofrenada del placer
esta necesidad tan urgente como inexplicable de romper
el equilibrio del jardín, con una palabra soez
es un hecho ante todo ni una causa ni un efecto
un tumulto que puede estagnarse en situaciones favorables
pero contra el cual los preparativos o las situaciones no bastan
la almacenemos o no, de por sí, es redundante
atributo este consustancial al escándalo
el odio sin objeto o el amor sin objeto
absorbido o no en su falta de presencia
tampoco añorante, simplemente un hecho
reacio a las comparaciones con que se lo quiere apaciguar
viejo perro dormido o jardinero de ocasión
es y no es por ahora nuestra única verdad.

Jueves, 12 de febrero de 1976

This vague aggressiveness, that strikes us suddenly
at the end of any day, at the turn of the seasons
and even in the face of the sea breeze
a clear call to the simplest of pleasures
and even for the most unbridled sort of pleasure
this need as urgent as obscure to break
the balance of the garden, with a coarse word
first of all it's a fact not a cause or effect
a hubbub that can die down in favorable situations
and against which precautions or the situations aren't enough
whether we store it or not, in itself, it's uncalled-for
an attribute which is the same as scandal
hate for no reason or love for no reason
absorbed or not in its lack of presence
not nostalgic either, simply a fact
resistant to comparisons that pacify it
old sleeping dog or part-time gardener
it is and isn't for now our only truth.

Thursday, February 12, 1976
[J.C., J.F., D.U.]

NOTE ON THE EDITOR
AND TRANSLATORS

Born in Chile, Patricio Lerzundi is a critic and poet teaching Spanish at Lehman College, C.U.N.Y. To date he has published several articles on contemporary literature and two volumes of poetry.

Jonathan Cohen is a poet and a translator whose work has appeared in numerous magazines. He received his M.F.A. in creative writing from Columbia University in 1976. He is the author of *Poems from the Island and Other Places.*

John Felstiner, a critic and translator, wrote *The Lies of Art: Max Beerbohm's Parody and Caricature* (Knopf, 1972). He has taught at the University of Chile and the Hebrew University, Jerusalem, and is now in the English Department of Stanford University.

In addition to writing poetry and fiction, David Unger translates Latin American and Spanish verse. He has his M.F.A. in poetry from Columbia University and teaches Spanish at the New School for Social Research. Born in Guatemala, he now lives in New York.